普通高等院校汽车工程类规划教材

汽车保险实务

杨亚莉 任洪娟 主编

U0359966

清华大学出版社
北京

内 容 简 介

本书从保险概论和汽车保险概论出发,对我国现行的主要汽车保险种类、汽车保险原则、汽车保险条款进行了详述,对汽车承保、理赔等有关保险实务给予了介绍,并通过对大量汽车保险与理赔典型案例的分析来加深对理论知识的理解。

本教材注重理论联系实际,利于培养读者综合运用专业知识解决实际问题的能力。本书力求满足本科层次的机动车保险与理赔、汽车服务工程、交通运输、汽车营销、汽车运用等相关专业的教育。同时,由于本书充分注重了对读者动手能力的培养,也可作为汽车保险公司、保险公估公司汽车保险从业人员的培训用书。

图书在版编目(CIP)数据

汽车保险实务/杨亚莉,任洪娟主编.--北京:清华大学出版社,2015(2024.12重印)
普通高等院校汽车工程类规划教材
ISBN 978-7-302-40185-8

Ⅰ.①汽… Ⅱ.①杨… ②任… Ⅲ.①汽车保险—中国—高等学校—教材 Ⅳ.①F842.63

中国版本图书馆 CIP 数据核字(2015)第 101571 号

责任编辑:杨 倩
封面设计:傅瑞学
责任校对:赵丽敏
责任印制:刘海龙

出版发行:清华大学出版社
   网 址:https://www.tup.com.cn,https://www.wqxuetang.com
   地 址:北京清华大学学研大厦 A 座   邮 编:100084
   社 总 机:010-83470000   邮 购:010-62786544
   投稿与读者服务:010-62776969,c-service@tup.tsinghua.edu.cn
   质量反馈:010-62772015,zhiliang@tup.tsinghua.edu.cn
印 装 者:涿州市般润文化传播有限公司
经 销:全国新华书店
开 本:185mm×260mm 印 张:10.25   字 数:250 千字
版 次:2015 年 7 月第 1 版   印 次:2024 年 12 月第 5 次印刷
定 价:45.00 元

产品编号:060907—03

前　言

　　近几年，国内汽车的产量和销售量迅速增大，全国汽车保有量大幅度上升。汽车，已经普遍渗透到社会生活的方方面面，也因此形成了一个庞大的汽车后市场。作为汽车后市场的一个重要组成部分，汽车保险的市场份额非常庞大，而且还会越来越大。

　　汽车保险作为保险公司的第一险种，其业务量随着家庭轿车的热销、社会汽车保有量的增加而迅速增长。在整个保险领域，目前几乎所有财产保险公司，都以开展汽车保险作为自己的主要经营收入；在财产保险领域，从事汽车查勘定损的人员越来越多；汽车保险与理赔人员不仅要懂保险，更要懂汽车，因此需要复合型的汽车保险与理赔专业人才。所以在教育领域，既有研究生层次的机动车保险研究方向，也有本科层次的机动车保险与理赔专业设置。

　　不过，汽车保险在我国起步较晚，该领域的专业教育也较薄弱。本书主要是根据主讲教师长期从事高等院校"汽车保险与理赔"课程的教学，以及保险公司专业人士的共同经验而编写的。本书注重实际应用，利于培养读者综合运用专业知识解决实际问题的能力，适合作为高等院校汽车专业的教学用书，适合作为财产保险公司、保险公估公司汽车保险岗位的员工的培训用书。

　　本书共分6章，系统地介绍了汽车保险种类、汽车保险原则、汽车保险条款等理论知识；详细地介绍了汽车承保和汽车理赔等有关保险实务知识；并通过对大量汽车保险与理赔典型案例的分析来加深对理论知识的理解。

　　本书由上海工程技术大学汽车工程学院杨亚莉、任洪娟担任主编。第1章、第3章、第6章由杨亚莉编写，第4章、第5章由任洪娟编写，第2章由马其华编写，全书由杨亚莉统稿。

　　本书在编写过程中，参阅了大量的中外文献资料，在此，对原作者的贡献表示感谢。本书编写得到了上海工程技术大学汽车工程学院多位老师和同学的大力支持和帮助，谨此表示深深的谢意。

　　由于汽车保险在国内还是一门新兴学科，也是一门实践性较强的学科，而且发展速度很快，加之编者水平所限，书中难免存在疏漏和不周之处，敬请读者提出宝贵意见。

作　者

2015 年 3 月

目 录

1 汽车保险概述

导入案例

2010年夏天,台风"海鸥"袭闽并带来强降水,中国平安保险公司福建产险泉州中心支公司查勘员第一时间赶到现场,处理水淹车报案。数据显示,目前我国机动车保有量已达1.92亿辆。对保险业来说,做好车险服务,既意味着扩大客户市场,也是一份沉甸甸的社会责任。

7月21日,洪水过后的重庆滨江路上,一排排被淹没的车辆重新露出水面。车身上泥沙淤积,部分车辆的玻璃门窗已不见踪影。5月的广州,6月的福州等地,也刚刚经历过同样的惨痛。今夏以来,我国南方普降大雨,城市低洼地带的汽车遭遇"灭顶之灾"。灾后车主们能否得到保险公司及时、周到的理赔,再次成为全社会关注的话题。

中国平安有关人士透露,该公司7月份因暴雨导致的车险报案数达4131例,预计赔款超过2000万元。而车险大户中国人保6、7月份在江西、福建、广东等8省,车险报案累计8539例,大大超过以往同期水平。广州东莞市保险行业协会的统计数据显示,仅"5·7"特大洪灾,当地就有5100辆汽车遭水浸,预估赔付金额达1.2亿元。

为了让受损的车主尽快得到赔付,各家保险公司纷纷简化手续,加快理赔速度。5月18日,中国人保宣布:车险赔款5000元以下,非人伤、无物损案件,客户只需填写《机动车辆保险快捷赔案处理单》,1小时内便可接到赔付通知。紧接着,阳光财险推出车险3000元以下案件、资料齐全无异议当天支付赔款,以及全国范围内的甲地承保、乙地查勘、丙地领款的"三维通赔"承诺。平安车险2010年2至4月万元以下理赔案件约115.6万件,占全部车险理赔案件的97%,"一天赔付"承诺达成率为99.87%。

在暴雨灾害面前,各家保险公司以快速、优质的理赔服务,帮助受灾客户尽快恢复正常的生产生活秩序,在维护社会稳定、保障经济运行、减少和化解各种社会矛盾和纠纷方面作出了积极贡献,在灾害救助体系中发挥了重要的作用,在抗灾救灾中树立了保险业的良好形象。

阅读该案例,思考:

(1) 风险与保险的关系?

(2) 在面对灾害时,保险是如何发挥其作用的?

关键词:风险　保险　汽车保险

1.1　风险与保险

在谈"保险"之前,非常有必要加深一下对"风险"的正确认识。中国有句老话"天有不测风云,人有旦夕祸福",这句话其实是人们对自然规律一种不可预见性的无可奈何的感叹。在现实生活中可采用多种举措,来规避风险,从而实现自我保护,比如对风险事故采取预防措施,发生事故后采取减损措施,购买人身和财产保险等。其中,购买保险是一种比较简单、便于计算成本的风险管理方法,保险在现实生活中充分发挥了稳定社会生产、生活的作用。

无风险则无保险,风险的客观存在是保险产生与发展的自然基础。因此,保险的研究必须从风险入手。

1.1.1　风险概述

风险是指在某一特定环境下,在某一特定时间段内,某种损失发生的可能性。包括三层含义:一是风险是一种随机事件,有可能发生也有可能不发生;二是风险一旦发生,其结果是损失,而不可能是获利;三是风险事件发生所造成的损失是不确定的,可能大也可能小。

1. 风险的组成要素

风险是由风险因素、风险事故和风险损失等要素组成,它们相互作用,共同决定了风险的存在、发展和变化。换句话说,是在某一个特定时间段里,人们所期望达到的目标与实际出现的结果之间产生的距离称之为风险。

（1）风险因素

风险因素是指引起和促使风险事故发生及风险事故发生时致使损失增加、扩大的条件,通常有实质风险因素、道德风险因素和心理风险因素三种类型。

① 实质风险因素是指有形的并能直接影响事件的物理功能的风险因素,如建筑物的建筑材料、结构等;

② 道德风险因素是指与人的品行修养有关的无形因素,如诈骗、纵火等;

③ 心理风险因素是指与人的心理状态有关的无形因素,如人的疏忽、过失等。

（2）风险事故

风险事故指可能引起人身伤亡或财产损失的偶然事件,是造成风险损失的直接的、外在的原因。

（3）风险损失

风险损失是指非故意的、非预期的和非计划的经济价值的减少,是风险事故的直接结果。

风险是由风险因素、风险事故和风险损失三者构成的统一体。其关系可概括为:风险因素可能引起风险事故,风险事故可能导致风险损失,但只要出现了风险损失必然存在着风险事故,只要出现了风险事故必然存在着风险因素。它们之间都是必要而不充分的条件,因此,尽管风险因素客观存在,人们还是有可能减少或避免事故的发生,或当事故发生后尽量减少或避免损失。

【举例1-1】 比如某人在一个大雪天,在下班的车流高峰期,骑着他的没闸没铃的自行车从家里出发,准备去购物。不幸半道出了交通事故。这里让我们分析一下:

大雪天、车流高峰期、没闸没铃的自行车等属于风险的因素;

交通事故就是风险事故;

当事人的死亡或残疾就是本次风险事故所导致的损失。

原本购物回家的目的与摔倒在街头的结果之间产生了巨大的距离。

在日常生活中,这种突如其来的风险事故经常给一个原本幸福的家庭带来沉重的打击。

总之,风险因素的增加会导致风险事故发生的可能性增加;而风险事故的发生可能导致损失的出现。这就是风险要去之间的辩证关系。

2. 风险的特点

（1）风险具有客观性

风险是独立于人的意识之外客观存在,不以人的意志为转移。无论人们是否意识到,它们都一直客观存在。这是因为无论是自然界的物质运动,还是社会发展的规律,都是由事物内部因素所决定,由超出人们主观意识所存在的客观规律所决定。人们只能在一定的时间和空间内改变风险存在和发生的条件,降低风险发生的频率和损失幅度,而不能彻底消除。不过人们通过对风险事件长期大量的观察,已经找到许多风险的存在方式、发生规律等,从而使风险得到一定程度的控制。

（2）风险具有不确定性

风险总体表现为客观存在,数量大体确定,但对风险个体来说是一种随机现象,是主观意识不能事先予以准确测定的。其发生与否、发生时间早晚、发生地点在哪儿、损失数量多少、由谁承担损失等都表现为不确定性。风险发生的不确定性源于导致任一风险事件发生的风险因素的本身具有不确定性。并且,风险因素的作用方向、强度、时间以及各种风险因素作用的先后顺序都会影响风险发生与否。因此,风险的发生具有偶然性,这种偶然性使得风险本身具有不确定性,也意味着风险的发生具有突发性,人们对风险的发生事先无法准确地把握、测定,从而造成心理上的某种不确定感。

（3）风险具有损失性

风险与人们的利益密切相关,其发生后果是损失,表现为人们经济利益的减少。财产损失的经济利益可以用货币直接进行衡量,而人身损害的经济利益一般表现为所得的减少或支出的增多。保险的作用就是对损失的经济利益进行补偿。

（4）风险具有可变性

风险并不是一成不变的,在一定条件下是会发展变化的。风险的发生,其后果的程度,可以随着条件的改变、人们认识的深入、治理水平的提高和管理措施的完善而发生变化。随着科学技术的发展、环境的改变、人们面临的某些能源的消失,新的危险又可能产生。例如,人类使用油灯照明时,面临着打翻油灯而引发火灾的危险。随着科学的发展,人类照明由电灯代替了油灯。这种危险不存在了,但是又产生了电给人类带来的新的风险,触电身亡、电引发的火灾时有发生。因此,风险在一定的条件下是可以转化的。

（5）风险具有普遍性

风险是无处不在、无时不有的。风险已渗入到社会经济生活的方方面面，随时威胁着人类的生命和财产的安全。古代社会有风险，现代社会也有风险；国外有风险，国内也有风险；大到一个国家、小到一个人、家庭、企事业单位、机关团体等，都面临着各种各样的风险，因此风险具有普遍性。风险的普遍性决定了保险需求的普遍性。

【举例 1-2】　如何识别风险的大小？

假如三件事情发生的大小概率分别如下：

A. 30%　　　　　　　　B. 50%　　　　　　　　C. 100%

那么，哪件事情的风险最大呢？

答案：假如你选择了C. 100%，很遗憾，答案是错误的，因为风险大小的判断基于不确定性，如果一件事情发生的概率是100%，也就不能称其为风险了，而称其为必然风险事件或风险事故。

道理很简单，如果例 1-1 中的雪天外出购物者知道交通事故是 100% 发生的，他就不会选择外出购物了，答案应选 B。

3. 风险的分类

（1）按风险产生的原因分类

自然风险：是指由于自然现象或物理现象所导致的风险。如洪水、地震、风暴、火灾、泥石流等所致的人身伤亡或财产损失的风险。

社会风险：是由于个人行为反常或不可预测的团体的过失、疏忽、侥幸、恶意等不当行为所致的损害风险。如盗窃、抢劫、罢工、暴动等。

经济风险：是指在产销过程中，由于有关因素变动或估计错误而导致的产量减少或价格涨跌的风险等。如市场预期失误、经营管理不善、消费需求变化、通货膨胀、汇率变动等所致经济损失的风险等。

技术风险：是指伴随着科学技术的发展、生产方式的改变而发生的风险。如核辐射、空气污染、噪声等风险。

政治风险：是指由于政治原因，如政局的变化、政权的更替、政府法令和决定的颁布实施，以及种族和宗教冲突、叛乱、战争等引起社会动荡而造成损害的风险。

法律风险：是指由于颁布新的法律和对原有法律进行修改等原因而导致经济损失的风险。

（2）按风险损害的对象分类

财产风险：是导致财产发生毁损、灭失和贬值的风险。如房屋有遭受火灾、地震的风险，机动车有发生车祸的风险，财产价值因经济因素有贬值的风险。

人身风险：是指因生、老、病、死、残等原因而导致经济损失的风险。例如因为年老而丧失劳动能力或由于疾病、伤残、死亡、失业等导致个人、家庭经济收入减少，造成经济困难。生、老、病、死虽然是人生的必然现象，但在何时发生并不确定，一旦发生，将给其本人或家属在精神和经济生活上造成困难。

责任风险：是指因侵权或违约，依法对他人遭受的人身伤亡或财产损失应负的赔偿责任的风险。例如，汽车撞伤了行人，如果属于驾驶员的过失，那么按照法律责任规定，就须对受害人或家属给付赔偿金。又如,根据合同、法律规定,雇主对其雇员在从事工作范围内的活动中,造成身体伤害所承担的经济给付责任。

信用风险:是指在经济交往中,权利人与义务人之间,由于一方违约或犯罪而造成对方经济损失的风险。

（3）按风险的性质分类

纯粹风险:是指只有损失可能而无获利机会的风险,即造成损害可能性的风险。其所致结果有两种,即损失和无损失。例如,交通事故只有可能给人民的生命财产带来危害,而绝不会有利益可得。在现实生活中,纯粹风险是普遍存在的,如水灾、火灾、疾病、意外事故等都可能导致巨大损害。但是,这种灾害事故何时发生,损害后果多大,往往无法事先确定,于是,它就成为保险的主要对象。人们通常所称的"危险",也就是指这种纯粹风险。

投机风险:是指既可能造成损害,也可能产生收益的风险,其所致结果有3种:损失、无损失和盈利。例如,有价证券,证券价格的下跌可使投资者蒙受损失,证券价格不变无损失,但是证券价格的上涨却可使投资者获得利益。还如赌博、市场风险等,这种风险都带有一定的诱惑性,可以促使某些人为了获利而甘冒这种损失的风险。在保险业务中,投机风险一般是不能列入可保风险之列的。

收益风险:是指只会产生收益而不会导致损失的风险。例如,接受教育可使人终身受益,但教育对受教育的得益程度是无法进行精确计算的,而且,这也与不同的个人因素、客观条件和机遇有密切关系。对不同的个人来说,虽然付出的代价是相同的,但其收益可能是大相径庭的,这也可以说是一种风险,有人称之为收益风险,这种风险当然也不能成为保险的对象。

（4）按风险涉及的范围分类

特定风险:是指与特定的人有因果关系的风险。即由特定的人所引起,而且损失仅涉及个人的风险。例如,盗窃、火灾等都属于特定风险。

基本风险:是指其损害波及社会的风险。基本风险的起因及影响都不与特定的人有关,至少是个人所不能阻止的风险。例如,与社会或政治有关的风险,与自然灾害有关的风险,都属于基本风险。

特定风险和基本风险的界限,对某些风险来说,会因时代背景和人们观念的改变而有所不同。如失业,过去被认为是特定风险,而现在认为是基本风险。

4. 风险的管理

1）风险的管理的概念

面对种类繁多、时刻威胁人们自身和财产安全的风险,人们在长期的生活实践中,不断分析、总结,进行了识别风险、控制风险、处理风险的一系列工作,获得了较大的安全保障,这就是风险的管理。

风险管理是指人们对各种风险的认识、控制和处理的主动行为,它要求人们研究风险发生和变化规律,估算风险对社会经济生活可能造成损害的程度,并选择有效的手段,有计划、有目的地处理风险,以期用最小的成本,获得最大的安全保障。

风险管理基本程序包括以下步骤:

① 风险的识别,即对风险的存在与否、风险的种类、风险性质等进行判断;

② 风险的估测，即预测风险发生的概率和损失幅度，使风险管理建立在科学的基础上；

③ 风险管理方法的选择，即根据风险特点在众多的风险管理方法中选择适合的方法，通常是多种方法联合使用；

④ 实施风险管理的决策，即制定风险管理计划，并付诸实施；

⑤ 风险管理效果的评价，即对风险管理方法的适用性和收益性、风险管理计划的执行情况进行分析、检查、修正和评估，看是否有效地规避了风险，是否达到以最小的风险管理成本实现了最大的安全保障。

2）风险管理的方法

（1）风险管理方法分为控制型和财务型两类。

控制型风险管理方法是指采取各种措施避免、防止、排除或减少风险，其目的在于改善损失的不利条件、降低损失频率、缩小损失幅度。常见的控制型方法有：风险避免、风险预防、风险抑制、风险集合和风险分散等。

① 风险避免是指放弃或根本不去做可能发生风险的事情。这是一种最彻底的风险处理方法，也是一种极消极的方法，容易失去与该事情相关的利益。另外，在现实经济生活中，绝大多数风险是难以避免的。采用避免方法通常在两种情况下进行：一是某特定风险所致损失频率和损失幅度相当高时；二是在处理风险时，其成本大于其产生的效益时。

② 风险预防是指在风险发生前为了消除或减少可能引发损失的各种因素而采取的处理风险的具体措施，其目的在于通过消除或减少风险因素降低损失发生频率。风险预防措施可分为：工程物理法和人类行为法。工程物理法指在风险单位的物质因素方面设置预防措施，如防盗装置的设置；人类行为法指在人们行为教育方面设置预防措施，如安全教育。

③ 风险抑制是指在损失发生时或之后为缩小损失幅度而采取的各项措施，如发生火灾后应及时灭火。它是处理风险的有效技术。

④ 风险集合是指集合同类风险的多数单位，使之相互协作，提高各自应付风险的能力。如多个小船只连接在一起以抵抗风浪冲击翻船的风险。

⑤ 风险分散是指将企业面临损失的风险单位进行分散，如企业采用商品多样化经营方式以分散或减轻可能遭受的风险。

（2）财务型风险管理方法是指采用财务技术来处理风险，目的在于建立财务基金消除损失的成本。常见的财务型方法有：风险自留和风险转嫁。

① 风险自留是指企业自行承担一部分或全部风险的方法。风险自留可分为主动自留和被动自留。当风险管理者经过对风险的衡量，考虑各种风险处理方法后，决定不转移风险的，为主动自留；当风险管理者没有意识到风险的存在，没有采取措施处理风险的，为被动自留。

② 风险转嫁是指企业将自己的风险转嫁给他人的方法。风险转嫁可分为保险转嫁和非保险转嫁两种。保险转嫁是指通过购买保险将风险转嫁给保险公司，这是一种最重要最常用的风险处理方法。非保险转嫁是指通过保险以外的方式将风险转嫁给他人，如出让转嫁等。

不同的风险管理方法，具有不同的特点，应从实际出发，根据最小成本原则，择优选用或组合应用，才能取得最佳的风险管理效果。

【举例1-3】 根据风险的特点和风险管理的学习，那么什么是可保风险？

可保风险是指保险人愿意并能够承保的风险,是符合保险人承保条件的特定风险。可保风险应符合以下条件:

(1) 风险必须是纯粹风险。

(2) 风险必须使保险标的均存在遭受损失的可能,这决定了人们对保险需求的普遍性。

(3) 风险必须使保险标的有导致重大损失的可能,这是人们愿意购买保险的动力。

(4) 风险不能使大多数保险标的同时遭受损失,这是保险公司能够盈利经营的前提。

(5) 风险必须具有现实的可测性,这是保险公司能够经营风险、厘定费率的基础。

1.1.2　保险概述

正是由于我们的生活中无时无刻不存在"风险",所以就有了"保险"存在的意义。简单地说,保险就是转嫁风险的一种手段和方法。

1. 保险的概念

保险,是以合理计算的风险分摊金为基础,集中多数对同等风险有取得保障需要的人,建立集中的专用基金,对因风险而导致的经济损失(或人身伤亡)进行补偿(或给付)的一种合同行为。保险的定义很多。简单地讲,就是在这个商业社会中,在法律的规范下,我们按照合同的约定,花钱买得一份保障。

《中华人民共和国保险法》(简称《保险法》)第二条规定:"保险是指投保人根据合同约定,向保险人支付保险费,保险人对于合同约定的可能发生的事故因其发生所造成的财产损失承担赔偿保险金责任,或者当被保人死亡、伤残、疾病或者达到合同约定的年龄、期限时承担给付保险金责任的商业保险行为。"

保险的定义可从两个方面来解释。

从经济角度上说,保险是分摊意外事故损失的一种财务安排。投保人参加保险,实质上是将他的不确定的大损失变成确定的小额支出,即保险费。而保险人集中了大量同类风险,能借助大数法则来正确预见损失的发生额,并根据保险标的的损失概率制险费率。通过向所有被保险人收取保险费建立保险基金,用于补偿少数保险人遭受的意外事故损失。因此,保险是一种有效的财务安排,并体现了一定的经济关系。

从法律角度来看,保险是一种合同行为,体现的是一种民事法律关系。根据合同约定,一方承担支付保险费的义务,换取另一方为其提供的经济补偿或给付的权利,这正好体现了民事法律关系的内容-主体之间的权利和义务关系。

2. 保险的本质

(1) 保险是以经济合同方式建立保险关系,集合多数单位或个人的风险,合理计收分摊,由此对特定的灾害事故造成的经济损失、人身伤亡提供资金保障的一种经济形式。

(2) 保险是以集中起来的保险费建立保险基金,用于补偿被保险人因自然灾害或意外事故造成的经济损失,或对个人因死亡、伤残给付保险金的一种方法。

(3) 保险是一种经济补偿制度,它通过收取少量保险费的方法,承担被保险人约定的风险。当被保险人一旦发生约定的自然灾害、意外事故而遭受财产损失及人身伤亡时,保险人给予经济补偿。

（4）保险是一种社会工具，这一社会工具可以进行损失的数理预测，并对损失者提供补偿。补偿基金来自所有那些希望转移风险的社会成员所作的贡献。

（5）保险是一种复杂的和精巧的机制，它将风险从某个个人转移到团体，并在一个公平的基础上由团体中的所有成员来分担损失。

3. 保险术语

（1）保险人

保险人又称承保人，是经营保险业务收取保险费和在保险事故发生后负责给付保险金的人。保险人以法人经营为主，通常称为保险公司。保险人具有以下法律特点：

① 保险人是保险基金的组织、管理和使用人。保险人通过收取保险费而建立保险基金、经营保险业务，保险资金的分配和运用由保险人根据有关法律和合同规定办理。

② 保险人必须是依法成立并允许经营保险业务的法人。由于保险业涉及社会公众利益，因此，各国保险法对保险人的资格以及组织形式都作了严格规定。

③ 保险人是履行补偿损失或给付保险金义务的人。保险人的这种义务不是因侵权或违约行为而产生的，而是法律规定或合同约定的义务。

④ 保险人是有权向投保人请求缴付保险费的人。

（2）投保人

投保人是指对保险标的具有可保利益，向保险人申请订立保险合同，并负有交付保险费义务的人。投保人可以是自然人，也可以是法人。当投保人为自己的利益投保，投保人必须具有以下要件：

① 必须具有权利能力和行为能力。权利能力是指能够参加一定的法律关系，依法享受一定权利和承担一定义务的资格。这是实际取得权利、承担义务的先决条件，并不是权利本身。行为能力是指法律关系主体能够通过自己的行为实现取得权利和承担义务的能力。

② 必须对保险标的具有保险利益。保险利益是指投保人对保险标的具有的法律上承认的利益。对投保人的这一资格限制是各国立法的普遍规定，也是保险不同于赌博的核心所在。

③ 必须承担缴付保险费的义务。保险合同为标准的有偿合同，投保人取得经济补偿的代价就是支付保险费。不论投保人为谁的利益而订立保险合同，均应承担支付保险费的义务。如投保人因故未付保险费，被保险人或受益人及其他人也可以代为缴付，保险人不得拒收。

（3）被保险人

被保险人是指保险事故在其财产或其身体上发生而受到损失时享有向保险人要求赔偿或给付保险金的人。被保险人是受保险合同保障的人。以其财产、生命或身体为保险标的的保险事故发生后，被保险人享有保险金请求权。

被保险人与投保人是否相同视保险的具体情况而定。人身保险的被保险人，是以其生命或身体为保险标的，并以其生存、死亡、疾病或伤害为保险事故的人，也就是保险的对象，也可以说是指保险事故发生时，遭受损害的人。投保人不仅可以以自己的身体为标的而订立保险契约，也可以以他人的身体为标的而订立保险契约。如丈夫为妻子、父母为孩子购买人寿保险等。

（4）第三者

保险合同中，保险人是第一方，也叫第一者；被保险人或致害人是第二方；除保险人与被保险人之外的因保险车辆意外事故而遭受人身伤害或财产损失的受害人是第三人，即第三者。

（5）保险标的

保险标的是保险保障的目标和实体，指保险合同向双方当事人权利和义务所指向的对象，保险标的可以是财产、与财产有关的利益或责任，也可以是人的生命或身体。

《保险法》第十一条第四款规定："保险标的是指作为保险对象的财产及其有关利益或者人的寿命和身体。"保险标的是直接获得保险合同保障的物品、民事权利、民事责任、人的身体与寿命等保险合同权利义务直接的对象。不同的保险标的，保险价值不同，面临的危险种类、危险因素多少、危险程度高低不同，直接影响着保险人所承担的义务，也使投保人所付的对价（保险费）随之变化。因此，保险标的是保险合同客体的重要组成部分，影响着保险合同的权利义务内容。但它不等同于保险合同的客体。保险标的与保险利益、保险合同客体是三个相互联系又相互区别的概念。其相互联系表现在，保险标的是保险利益的载体，保险利益是保险标的与投保人之间的经济利害关系。保险标的是保险合同客体的重要织成部分，但不等同于保险合同的客体。

（6）保险利益

保险利益又称可保利益。保险利益是指投保人对保险标的的具有的法律上承认的利益。也就是说，投保人或者被保险人对保险标的的具有利害关系，在保险事故发生时，保险标的不受损害，他们的经济利益也随之遭受损害，或者在没有发生保险事故时，保险标的不受损害，他们则继续享有经济利益，这就表明他们对保险标的的具有保险利益；如果保险事故发生，保险标的受到损害，而他们的经济利益没有受到任何影响，则说明他们对保险标的的没有保险利益。

（7）保险价值

保险价值是指保险标的在某一特定时期内以金钱估计的价值总额，是确定保险金额和确定损失赔偿的计算基础。

在财产保险合同中，保险价值的确定有两种方式：定值保险和不定值保险。

保险价值由投保人和保险人在订立合同时约定，并在合同中明确做出记载。合同当事人通常都根据保险财产在订立合同时的市场价格估定其保险价值，有些不能以市场价格估定的，就由双方当事人约定其价值。事先约定保险价值的合同为定值保险合同，采用这种保险合同的保险，是定值保险。属于定值保险的，发生保险责任范围内的损失时，不论所保财产当时的实际价值是多少，保险人都要按保险合同上载明的保险价值计算赔偿金额。

同样保险价值也可以在保险事故发生时，按照当时保险标的的实际价值确定。在保险事故已经发生，需要确定保险赔偿金额时，才去确定保险价值的保险，是不定值保险，采取不定值保险方式订立的合同为不定值保险合同。对于不定值保险的保险价值，投保人与保险人在订立保险合同时并不加以确定，因此，不定值保险合同中只记载保险金额，不记载保险价值。

（8）保险金额

保险金额，简称"保额"，是保险利益的货币价值表现，是投保时给保险标的的确定的金额，是指一个保险合同项下保险公司承担赔偿或给付保险金责任的最高限额,即投保人对保险标的的实际投保金额。同时又是保险公司收取保险费的计算基础。

在财产保险合同中,对保险价值的估价和确定直接影响保险金额的大小。保险金额等于保险价值是足额保险。保险金额低于保险价值是不足额保险,保险公司按保险金额与保险价值的比例赔偿。保险金额超过保险价值是超额保险,超过保险价值的保险金额无效,恶意超额保险是欺诈行为,可能使保险合同无效。

(9) 保险费

保险费,简称"保费",是投保人或被保险人根据保险合同的规定,为取得因约定事故发生所造成的经济损失补偿(或给付)权利,而缴付给保险人的费用。需要说明的是,由于保险费的计算较为严格和复杂,因此不像一般商品那样可以由买卖双方就价格进行协商,而是由保险人单方面决定,投保人接受即可以订立合同,投保人不接受合同则不订立合同。保险费由保险金额、保险费率和保险期限构成。保险费的数额同保险金额的大小、保险费率的高低和保险期限的长短成正比,即保险金额越大、保险费率越高、保险期限越长,则保险费也就越多。

(10) 保险费率

保险费率,简称"费率",是保险人计算保险费的依据,它是保险人向被保险人收取的每单位保险金额的保险费,通常都用百分率或千分率来表示。保险费率一般由纯保险费率和附加保险费率两部分组成。

(11) 新车购置价

新车购置价是指保险合同签订的购置与保险车辆同类型新车(含车辆购置附加费)的价格,它是投保时确定保险金额的基础。

(12) 保险责任

保险责任是指保险人承担的经济损失补偿或人身保险金给付的责任。即保险合同中约定由保险人承担的危险范围,在保险事故发生时所负的赔偿责任,包括损害赔偿、责任赔偿、保险金给付、施救费用、救助费用、诉讼费用等。

被保险人签订保险合同并交付保险费后,保险合同条款中规定的责任范围,即成为保险人承担的责任。在保险责任范围内发生财产损失或人身保险事故,保险人均要负责赔偿或给付保险金。保险人赔偿或给付保险金的责任范围包括:损害发生在保险责任内;保险责任发生在保险期限内;以保险金额为限度。所以,保险责任既是保险人承担保障的保障责任,也是负责赔偿和给付保险金的依据和范围;同时,还是被保险人要求保障的责任和获得赔偿或给付的依据和范围。

(13) 除外责任

除外责任是指财产保险合同中列明的保险人不承担经济赔偿责任的风险损失。保险合同列明的除外责任,主要有三部分:一是明确列入除外责任条款之内,如战争、军事行动、暴力行为、核辐射和污染等;二是不在列举的保险责任范围之内,如其他不属于保险责任范围内的损失;三是由于除外责任列举事项引起的保险事故损失,如由于被保险人的故意行为造成的火、爆炸等。即使火灾、爆炸属于保险责任,但却是除外责任中被保险人的故意行为所引起,因而仍作为除外责任。

4. 保险的要素

（1）可保风险

可保风险是保险人可以接受承保的风险。尽管保险是人们处理风险的一种方式，它能为人们在遭受损失时提供经济补偿，但并不是所有破坏物质财富或威胁人身安全的风险，保险人都承保。可保风险有以下几个特性：一是风险不是投机性的；二是风险必须具有不确定性，就一个具体单独的保险标的而言，保险当事人事先无法知道其是否发生损失、发生损失的时间和发生损失的程度如何；三是风险必须是大量标的均有遭受损失的可能性；四是风险必须是意外的；五是风险可能导致较大损失；六是在保险合同期限内预期的损失是可计算的。保险人承保某一特定风险，必须在保险合同期限内收取足够数额的保费，以聚集资金支付赔款，支付各项费用开支，并获得合理的利润。

（2）多数人的同质风险的集合与分散

保险的过程，既是风险的集合过程，又是风险的分散过程。众多投保人将其所面临的风险转嫁给保险人，保险人通过承保而将众多风险集合起来。当发生保险责任范围内的损失时，保险人又将少数人发生的风险损失分摊给全部投保人，也就是通过保险的补偿行为分摊损失，将集合的风险予以分散转移。保险风险的集合与分散应具备两个前提条件：一是多数人的风险。如果是少数或个别人的风险，就无所谓集合与分散，而且风险损害发生的概率难以测定，大数法则不能有效地发挥作用。二是同质风险。如果风险为不同质风险，那么风险损失发生的概率就不相同，因此风险也就无法进行集合与分散。此外，由于不同质的风险损失发生的频率与幅度是有差异的，倘若进行集合与分散，会导致保险经营财务的不稳定，保险人将不能提供保险供给。

（3）费率的合理厘定

保险在形式上是一种经济保障活动，而实质上是一种商品交换行为。因此，厘定合理的费率，即制定保险商品的价格，便构成了保险的基本要素。保险的费率过高，保险需求会受到限制；反之，费率厘定得过低，保险供给得不到保障。这都不能称为合理的费率。费率的厘定应依据概率论、大数法则的原理进行计算。

（4）保险基金的建立

保险的分摊损失与补偿损失功能是通过建立保险基金实现的。保险基金是用以补偿或给付因自然灾害、意外事故和人体自然规律所致的经济损失和人身损害的专项货币基金。它主要来源于开业资金和保险费。就财产保险准备金而言，表现为未到期责任准备金、赔款准备金等形式。保险基金具有分散性、广泛性、专项性与增值性等特点，保险基金是保险赔偿与给付的基础。

（5）订立保险合同

保险是一种经济关系，是投保人与保险人之间的经济关系。这种经济关系是通过合同的订立来确定的。保险是专门对意外事故和不确定事件造成的经济损失给予赔偿，风险是否发生，何时发生，其损失程度如何，均具有较大的随机性。保险的这一特性要求保险人与投保人应在确定的法律或契约关系约束下履行各自的权利与义务。倘若不具备在法律上或合同上规定的各自的权利与义务，那么，保险经济关系则难以成立。因此，订立保险合同是保险得以成立的基本要素，它是保险成立的法律保证。

5. 保险的特征

（1）经济性

保险是一种经济保障活动，这种经济保障活动是整个国民经济活动的一个组成部分。此外，保险体现了一种经济关系，即商品等价交换关系。保险经营具有商品属性。

（2）互助性

保险在一定条件下，分担了个别单位和个人所不能承担的风险，从而形成了一种经济互助关系。它体现了"一人为众，众人为一"的思想。互助性是保险的基本特性。

（3）法律性

保险的经济保障活动是根据合同来进行的，所以，从法律角度看，保险又是一种法律行为。

（4）科学性

保险是以数理计算为依据而收取保险费的。保险经营的科学性是保险存在和发展的基础。

6. 保险的分类

（1）按保险的性质分类

保险按具体的性质可分为商业保险、社会保险和政策保险。

① 商业保险是指投保人与被保险人订立保险合同，根据保险合同约定，投保人向保险人支付保险费，保险人对可能发生的事故因其发生所造成的损失承担赔偿责任，或者当被保险人死亡、疾病、伤残或者达到约定的年龄期限时给付保险金责任的保险。在商业保险中，投保人与保险人是通过订立保险合同建立保险关系的。投保人之所以愿意交付保险费进行投保是因为保险费用要低于未来可能产生的损失，保险人之所以愿意承保是因为可以从中获取利润。因此，商业保险既是一个经济行为，又是一个法律行为。目前，一般保险公司经营的财产保险、人身保险、责任保险、保证保险均属商业保险性质。

② 社会保险。过去我国称劳动和社会保险，是社会保障的重要组成部分，是指国家通过立法对社会劳动者暂时或永久丧失劳动能力或失业时提供一定的物质帮助以保障其基本生活的社会保障制度。当劳动者遇到生育、疾病、死亡、伤残和失业等危险时，国家以法律的形式由政府指定的专门机构为其提供基本生活保障。新中国成立以后长期实施的劳动保障法规和各省市现行的城镇职工基本医疗保险办法，都属于社会保险范畴。社会保险与商业保险不同，商业保险的当事人均出于自愿，而社会保险一般都是强制性的，凡符合法律规定条件的成员不论你愿意还是不愿意，均须参加。在保险费的缴纳和保险金的给付方面，也不遵循对等原则。所以，社会保障实质上是国家为满足劳动者在暂时或永久丧失劳动能力和待业时的基本生活需要，通过立法采取强制手段对国民收入进行分配和再分配而形成的专项消费基金，用以在物质上给予社会性帮助的一种形式和社会福利制度。

③ 政策保险是指政府由于某项特定政策的目的以商业保险的一般做法而举办的保险。例如，为辅助农、牧、渔业增产增收的种植业保险；为促进出口贸易的出口信用保险。政策保险通常由国家设立专门机构或委托官方或半官方的保险公司具体承办。例如，我国的出口信用保险是由中国进出口银行和中国人民财产保险股份有限公司（简称"中国人保财险公

司")承办的。

(2) 按保险标的分类

按照不同的保险标的,保险可分为财产保险、责任保险、信用保证保险和人身保险四类。

① 财产保险

财产保险是指以各种有形财产及其相关利益为保险标的的保险,保险人承担对各种保险财产及相关利益因遭受保险合同承保责任范围内的自然灾害、意外事故等风险,因其发生所造成的损失负赔偿责任。财产保险的种类繁多,主要有以下几种:

a 海上保险。是指保险人对海上的保险标的由于保险合同承保责任范围内的风险的发生所造成的损失或引起的经济责任负责经济赔偿的保险。海上保险包括海洋运输货物保险、船舶保险、海上石油开发工程建设保险等。

b 运输货物保险。是指承保海洋、陆上、内河、航空、邮政运输过程中保险标的及其利益所遭受的损失,主要包括海洋运输货物保险、陆上运输货物保险、航空运输货物保险和邮政运输货物保险等。

c 运输工具保险。是指承保海、陆、空、内河各种运输工具在行驶过程中所发生的各种损失。主要包括船舶保险、汽车保险、飞机保险等。

d 火灾保险。是指承保在一定地点内的财产,包括房屋、机器、设备、原材料、在制品、制成品、家庭生活用品、家具等因发生火灾造成的损失。目前,火灾保险一般不作为单独的险别,而将其包括在综合性险别的责任范围内。例如,在我国,当投保企业财产保险和家庭财产保险时,火灾损失属于其主要的责任范围;在运输货物保险条款中,火灾损失也是保险人承担赔偿责任的重要内容。

e 工程保险。是指承保各类建筑工程和机器设备安装工程在建筑和安装过程中因自然灾害和意外事故的物质损失、费用和对第三者损害的赔偿责任。

f 盗窃保险。主要承保因盗窃、抢劫或窃贼偷窃等行为所造成的财物损失。

g 农业保险。是指保险人为农业生产者在从事种植、养殖和捕捞生产过程中,因遇自然灾害或意外事故导致损失提供经济补偿服务的保险。农业保险有农作物保险、农产品保险、牲畜保险、家禽保险及其他养殖业保险等。

② 责任保险

责任保险的标的是被保险人依法应对第三者承担的民事损害赔偿责任。在责任保险中,凡根据法律或合同规定,由于被保险人的疏忽或过失造成他人的财产损失或人身伤害所应付的经济赔偿责任,由保险人负责赔偿。常见的责任保险有以下几种:

a 公众责任保险。承担被保险人在各种固定场所进行的生产、营业或其他各项活动中,由于意外事故的发生所引起的被保险人在法律上应承担的赔偿金额,由保险人负责赔偿。

b 雇主责任保险。凡被保险人所雇用的员工包括短期工、临时工、季节工和徒工,在受雇过程中,从事保险单所载明的与被保险人的业务有关的工作时,遭受意外而致受伤、死亡或患与业务有关的职业性疾病,所致伤残或死亡,被保险人根据雇用合同,须负医药费及经济赔偿责任,包括应支付的诉讼费用,由保险公司负责赔偿。

c 产品责任保险。是指承保由于被保险人所生产、出售或分配的产品或商品发生事故,造成使用、消费或操作该产品或商品的人或其他任何人的人身伤害、疾病、死亡或财产损失,依法应由被保险人负责时,由保险人根据保险单的规定,在约定的赔偿限额内予以赔偿。被保险人为上述事故所支付的诉讼费用及其他事先经保险人书面同意支付的费用,也由保险人负责赔偿。据此,能获得产品责任赔偿的必须具备两个条件:第一,造成产品责任事故的产品必须是供给他人使用,即用于销售的商品;第二,产品责任事故的发生必须是在制造、销售该产品的场所范围以外的地点。

产品责任保险是在 20 世纪 70 年代以后,首次在欧美一些发达国家开始举办并迅速普及起来的。中国人保财险公司于 1980 年起开始承办产品责任保险。这对增加外商经营我国产品的积极性,提高我国产品的竞争力,促进贸易都起了积极的作用。

d 职业责任保险。是指承保各种专业技术人员,如医生、律师、会计师、工程师等,因工作上的疏忽或过失造成合同对方或他人的人身伤害或财产损失的经济赔偿责任,由保险人承担。

③ 信用保证保险

信用保证保险的标的是合同双方的权利人和义务人约定的经济信用。信用保证保险是一种担保性质的保险。按照投保人的不同,信用保证保险又可分为信用保险和保证保险两种类型:信用保险的投保人和被保险人都是权利人,所承担的是契约的一方因另一方不履约而遭受的损失。例如,在出口信用保险中,保险人对出口人(投保人、被保险人)因进口人不按合同规定支付货款而遭受的损失负赔偿责任。保证保险的投保人是义务人,被保险人是权利人,保证当投保人不履行合同义务或有不法行为使权利人蒙受经济损失时,由保险人承担赔偿责任。例如,在履约保证保险中,保险人担保在承包工程业务中的工程承包人不能如期完工或工程质量不符合规定致使权利人遭受经济损失时,承担赔偿责任。综上所述,无论是信用保险还是保证保险,保险人所保障的都是义务人的信用,最终获得补偿的都是权利人。目前,信用保证保险的主要险种有:

a 雇员忠诚保证保险。是指承保雇主因其雇员的欺骗和不诚实行为所造成的损失,由保险人负责赔偿。

b 履约保证保险。是指承保签约双方中的一方,由于不能履行合同中规定的义务而使另一方蒙受的经济损失,由保险人负责赔偿。

c 信用保险。是指承保被保险人(债权人)在与他人订立合同后,由于对方不能履行合同义务而使被保险人遭受的经济损失,由保险人负责赔偿。常见的有出口信用保险和投资保险等。

④ 人身保险

人身保险是以人的身体或生命作为标的的一种保险。人身保险以伤残、疾病、死亡等人身风险为保险内容,被保险人在保险期间因保险事故的发生或生存到保险期满,保险人依照合同规定对被保险人给付保险金。由于人的价值无法用金钱衡量,具体的保险金额是根据被保险人的生活需要和投保人所支付的保险费,由投保人和保险人协商确定。人身保险主要包括人寿保险、健康保险和人身意外伤害保险。

a 人寿保险。人寿保险包括死亡保险、生存保险和两全保险三种。死亡保险是指在保险期内被保险人死亡,保险人即给付保险金;生存保险是以被保险人在保险期内仍然生存为给付条件,如被保险人在保险期内死亡,不仅不给付保险金,而且也不返还已缴纳的保险费;两全保险则是由死亡保险和生存保险合并而成,当被保险人生存到保险期满时,保险人要给付保险金;当被保险人在保险期内死亡时,保险人也要给付保险金。两全保险的保险费带有较多的储蓄因素。

b 健康保险。健康保险又称疾病保险,它是指承保被保险人因疾病而支出的医疗费用,或者因丧失劳动能力,按保险单规定,由保险人给付保险金。

c 人身意外伤害保险。人身意外伤害保险是指承保被保险人因意外事故而伤残或死亡时,由保险人负责给付规定的保险金。包括意外伤害的医疗费用给付和伤残或死亡给付两种。

(3) 按保险的实施形式分类。

按保险的实施形式,保险可分为强制保险与自愿保险。

① 强制保险

强制保险又称法定保险,是指国家对一定的对象以法律或行政法规的形式规定其必须投保的保险。这种保险依据法律或行政法规的效力,而不是从投保人和保险人之间的合同行为产生的。例如,新中国成立初期曾经实行过的国家机关和国有企业财产都必须参加保险的规定以及旅客意外伤害保险均属强制保险。凡属强制保险承保范围内的保险标的,其保险责任均自动开始。例如,中国人保财险公司对在国内搭乘火车、轮船、飞机的旅客实施的旅客意外伤害保险,就规定自旅客买到车票、船票、机票开始旅行时起保险责任就自动开始,每位旅客的保险金额也由法律按不同运输方式统一规定。

② 自愿保险

自愿保险又称任意保险,是由投保人和保险人双方在平等自愿的基础上,通过协商订立保险合同并建立起保险关系的。在自愿保险中,投保人对于是否参加保险,向哪家保险公司投保,投保何种险别,以及保险金额、保险期限等均有自由选择的权利。在订立保险合同后,投保人还可以中途退保,终止保险合同。至于保险人也有权选择投保人,自由决定是否接受承保和承保金额。在决定接受承保时,对保险合同中的具体条款,如承保的责任范围、保险费率等也均可通过与投保人协商决定。自愿保险是商业保险的基本形式。

强制保险与自愿保险二者的区别主要有以下内容。

a 范围和约束力不同。

b 保险费和保险金额的规定标准不同。

c 责任产生的条件不同。

d 在支付保险费和赔款的时间上不同。

1.2　汽车保险

汽车产生于 1886 年,由于它适应社会生产和交通运输的需要,发展迅速,目前已成为非常重要的交通工具,在人们的日常生活中起着越来越重要的作用。但同时,由于汽车产量的不断增长以及车速的提升,致使车祸不断发生。汽车事故造成的损失惊人。世界各国政府对此越来越加以重视,在不断改善交通设施,严格交通及行车安全的规章制度的同时,积极鼓励发展汽车保险事业。

1.2.1　汽车保险概念

汽车保险是以保险汽车的损失,或者以保险汽车的所有人或驾驶员因驾驶保险汽车发生交通事故所负责任为保险标的的商业保险。

汽车保险具有商业保险的所有特征,其保险范围和保险对象是汽车(包括汽车、电车、电瓶车、摩托车、拖拉机、各种专用车等)以及其承担的责任。从其保障的范围来看,它既属于传统的财产类保险,又属于责任类保险。

汽车保险包括以下几层含义:

(1) 它是一种商业行为。保险人经营汽车保险业务是以盈利为直接目的的,简而言之,保险公司要从它所进行的业务中赚到钱,因此汽车保险是一种商业行为。

(2) 它是一种合同行为。投保人与保险人要以各类汽车以及其责任为保险标的签订书面的具有法律效力的保险合同,没有正式的合同,汽车保险就没有存在的法律基础。

(3) 它是一种权利和义务的行为。投保人与保险人所共同签订的保险合同中,明确了双方的权利和义务,并确定了违约责任,要求双方共同遵守。

1.2.2　汽车保险起源和发展

1. 国外汽车保险的发展

国外汽车保险起源于 19 世纪中后期。当时,随着汽车在欧洲一些国家的出现和发展,因交通事故而导致的意外伤害和财产损失随之增加。尽管各国都采取了一些管治办法和措施,汽车的使用仍对人们生命和财产安全构成了严重威胁,因此引起了一些精明的保险人对汽车保险的关注。

在 1895 年,英国的法律意外保险有限公司签发了世界上最早的汽车保险单,为汽车责任险保单,保险费为 10～100 英镑,于是汽车保险诞生。1898 年,美国的旅行者保险公司签发了美国历史上第一份汽车人身伤害责任保险。1899 年,英国将汽车保险范围扩大到与其他车辆碰撞所造成的损失。1901 年,英国将汽车保险范围又扩大到盗窃和火灾等引起的损失。1902 年,美国第一张汽车损失保险单问世。1903 年,英国成立了第一家专门经营汽车保险的公司,即“汽车综合保险联合社”。1906 年,英国成立了“汽车保险有限公司”,该公司有专门工程技术人员,负责每年对保险汽车免费检查一次,这与目前我国对汽车保险的“验标核保”、提供风险控制建议等基本相同,所以这种成功的运作经验极大地推进了汽车保险的发展。

1927 年,美国的马萨诸塞州首先将汽车造成他人的财产损失和人身伤害视为社会问题,于是公布实施了汽车强制保险法,成为世界上首次将汽车的第三者责任规定为强制责任保险的地区。1931 年,英国开始强制实行汽车责任保险。1936 年,英国国会成立了强制责任保险调查小组,该小组于 1937 年提交了著名的“卡斯奥报告”,报告讨论了在实行强制汽车责任保险后,如果部分车辆所有人未依法投保责任险或者保险单失效时,受害人将无法得到保险人的赔偿,对此应如何处理的问题。但由于第二次世界大战于当年爆发,所以“卡斯奥报告"的建议当时没有付诸实施。1945 年底（"二战"结束后），英国根据"卡斯奥报告"的建议成立了"汽车保险人赔偿局"，规定当事故受害人因肇事者未依法投保责任险，或者保险单失效而无法得到赔偿时，由该局承担赔偿责任，受害人获得赔偿后，须将其向肇事者索赔的权利转移给汽车保险人赔偿局。目前，对肇事者逃逸，受害人无法得到保险赔偿的情况，也由该局负责赔偿。后来，日本、法国、德国等也纷纷实施了强制汽车责任保险。

总之，汽车保险是伴随着汽车的出现而产生的，在财产保险领域中属于一个相对年轻的险种。汽车保险的发展过程是先出现汽车责任保险，后出现车辆损失保险。汽车责任保险是先实行自愿方式，后实行强制方式。车辆损失保险一般是先负责保障碰撞危险，后扩大到非碰撞危险，如盗窃、火灾等。

2. 国内汽车保险的发展

1949 年中国人民保险公司成立，开始开办汽车保险，不久后出现了争议，认为汽车保险以及第三者责任保险对于肇事者予以经济补偿，会导致交通事故的增加，对社会产生负面影响，于是中国人民保险公司 1955 年停办了汽车保险。20 世纪 70 年代，随着我国对外关系的开展，各国纷纷与我国建立友好关系，为满足各国驻华使领馆汽车的保险需要，70 年代中期，开始办理以涉外业务为主的汽车保险业务。1980 年我国全面恢复国内保险业务，汽车保险也随之恢复。1983 年 11 月我国将汽车保险更名为机动车辆保险，使其具有了更广泛的适用性。

从 1980 年之后，我国的机动车辆保险业步入了快速发展的轨道，在多个方面取得了喜人的成绩，主要如下：

（1）车险条款日益完善。1985 年，我国首次制定车险条款。保监会 2000 年颁布《机动车辆保险条款》。2003 年，为适应保险市场化，要求各保险公司制定自己的条款，报保监会备案。2006 年，推出交强险条款，同时推出商业险的 A、B、C 三套主险条款。2007 年，保险行业协会又重新对商业险的 A、B、C 三套条款进行修正和补充。

（2）随着车辆的增多，全国保险市场承保的机动车辆迅速上升，总保险费也猛增。如 2002 年车险保费 472 亿元；2006 年车险保费 1107.87 亿元，2012 年，全国累计实现车险保费收入 4005.17 亿元，同比增长 14.28%。目前机动车辆保险费收入，已经占据我国财产保险总保险费收入的 70%以上。

（3）开办机动车辆保险业务的公司数量增多，由最初的中国人民保险公司一家，到现在的十家。目前，大多数的产险公司都开展车险业务。

（4）为机动车辆保险服务的中介机构增多。保险中介主要是指保险代理人、保险经纪人、保险公估人，这三类保险中介由于具有专业化、职业化、技术强、服务好的特点，适应了保险业结构调整和保险市场化发展要求的需要，所以近几年发展速度非常快。2002 年末，我国专业保险中介机构仅有 114 家，到 2006 年末迅速增加到 2110 家，其中保险代理机构 1563 家，保险经纪机构 303 家，保险公估机构 244 家。尤其是近几年，保险公估机构的发展与介入，对汽车保险理赔质量的提高是一个极大的促进。

（5）各保险公司展开竞争。人保公司从 1997 年起在全国实行机动车辆保险名优工程，实行 24 小时承保、理赔服务，出险 30 分钟内赶到现场，简化理赔手续，3000 元以内当日赔付；平安、太保分别开展了电话服务、汽车救援服务等。

（6）建立和完善了服务体系或者服务机制，以适应车辆流动性的特点，解决车辆异地出险后的处理工作。比如建立全国统一的服务热线电话，对被保险人实行就近、快速的全方位服务，通过热线可以提供接受报案、业务咨询和受理投诉等多种内容的服务。

（7）2004年5月1日实施的《道路交通安全法》上明确了汽车责任保险的强制性。该法第17条规定，国家实行机动车第三者责任强制保险制度，设立道路交通事故社会救助基金。第75条规定，医疗机构对交通事故中的受伤人员应当及时抢救，不得因抢救费用未及时支付而拖延救治。肇事车辆参加机动车第三者责任强制保险的，由保险公司在责任限额范围内支付抢救费用；抢救费用超过责任限额的，未参加机动车第三者责任强制保险或者肇事后逃逸的，由道路交通事故社会救助基金先行垫付部分或者全部抢救费用，道路交通事故社会救助基金管理机构有权向交通事故责任人追偿。但《道路交通安全法》只是对强制责任保险做了一个原则性的规定。

（8）2006年3月21日由时任国务院总理温家宝签署了第462号国务院令后颁布的《机动车交通事故责任强制保险条例》，是对《道路交通安全法》相关规定的具体落实。《机动车交通事故责任强制保险条例》规定自2006年7月1日起施行机动车交通事故责任强制保险。交强险实施，利于道路交通事故受害人获得及时有效的经济保障和医疗救治，利于减轻交通事故肇事方的经济负担，利于促进驾驶人员增强安全意识，利于充分发挥保险的社会保障功能，维护社会稳定。这是我国在交通管理方面的一大进步，标志着我国汽车保险业的发展进入了一个崭新的阶段，是我国汽车保险制度发展方面迈出的一大步。

1.2.3　汽车保险特点

（1）对象具有广泛性的特点

广泛性有两层含义，第一层含义是指被保险人具有广泛性，具体体现是：汽车日益成为人们普遍采用的交通工具，企业和个人更加广泛地拥有汽车，尤其是私人拥有汽车的数量不断增加，使汽车逐步成为人们生活的必需品，使汽车与每个人的生活息息相关。第二层含义是指汽车保险业务量大，普及率高。由于汽车出险概率较高，汽车的所有者需要寻求以保险费方式转嫁风险。各国政府在不断改善交通设施，严格规定交通规章的同时，为了保障受害人的利益，对第三者责任险都实施强制保险；保险人为适应投保人转嫁风险的不同需要，为了对被保险人提供更全面的保障，在开展车辆损失险和第三者责任险的基础上，推出了一系列附加险，使汽车保险成为财产保险中业务量大、普及率高的一个险种。

（2）对象具有差异性的特点

① 汽车本身存在较大差异。首先，汽车的类型逐年增多，从生产用车为主，逐步发展到以生活用车为主，同类车辆的车型品种繁多，性能各异；其次，生产厂家也从国产到进口，从整车进口到进口零部件组装，从合资建厂生产到独资生产；第三，汽车的价格也根据车型、产地、品牌、功能的不同差异较大，从几万元到几十万元，甚至几百万元不等。

② 差异性来源于汽车的普及。不同类型的企业，不同类型的家庭，不同的个人，不同的风险倾向使得汽车保险具有差异性。这就要求保险业不断创新，推出个性化产品，满足用户需要。而正是因为汽车拥有者的广泛性，必然存在差异性，不同类型的企业，不同类型的家庭，不同的个人，不同的风险倾向均是这种个性的体现。

（3）保险标的具有可流动性的特点

汽车保险标的的可流动性是由于标的作为动产和运输工具的特点决定的,保险标的是否具有可流动性直接影响到其面临的风险以及风险的种类。

由于汽车保险标的的流动性的特点,就对汽车保险的市场营销、核保、出单、检验、理算提出了更高的要求。一是由于保险标的的可流动性,导致其风险概率增大,增加了经营的不确定性,因此,保险人在研究条款和费率的同时,更应注重研究核保和核赔技术以及风险的防范工作;二是由于保险标的具有流动性,核保时加大了"验标承保"的难度,因此,保险人对于承保风险的实际控制能力较差,只能依赖于投保人的诚信,为此,保险人更应注重防范道德风险和完善监控机制;三是由于保险标的的可流动性、风险的不确定性,在发生保险责任事故时给检验和理赔工作增加了一定的难度,为此,保险人应建立和完善保险事故查勘检验的实务规程,还应建设和完善查勘检验的内外部代理网络。

（4）具有出险频率高的特点

汽车保险相对其他财产保险而言具有出险率高的特点。汽车是陆地上的主要交通工具。由于经常处于运动状态,它总是载着人或货物不断地从一个地方到另一个地方,很容易发生碰撞及其他意外事故,造成财产损失和人身伤亡;由于汽车数量的迅速增加,而一些国家的交通设施及管理水平跟不上汽车的发展速度,再加上驾驶员的疏忽、过失等人为原因,使交通事故发生频繁,汽车出险概率较高。根据统计,全世界每年因交通事故死亡的人数大约为 50 万,相当于每年每 200 个人就有一个人死于车祸。

（5）条款和费率的管理具有刚性特点

由于机动车辆保险业务的特殊性,在其发展过程中始终存在着如何加强管理,确保其健康发展的问题。之所以特别需要强调对机动车辆保险的管理,其原因有以下两方面:

a 机动车辆保险涉及一个庞大和广泛的消费群体,其中大部分是单一和弱小的消费者,国家从公众利益的角度出发,必须加强对于机动车辆保险业务的监督和管理,使他们的利益得到切实和有效的保护。

b 由于机动车辆保险业务占财产保险业务领域一个相当大的比例,机动车辆保险业务发展和管理的情况将对财产保险,甚至整个保险业带来较大的影响。所以,其始终是财产保险市场中竞争的焦点,始终存在着管理和示范的问题。同时,有关管理部门也特别注重对于机动车辆保险的监督和管理。

1.2.4　汽车保险的作用

汽车保险除具有保险的一般作用以外,还具有一些特殊的作用。

（1）促进汽车工业发展

一方面,机动车辆保险业务自身的发展对于汽车工业的发展起到了有力的推动作用,机动车辆保险的出现,解除了企业和个人对在使用汽车过程中可能出现的风险的担心,扩大了对汽车的需求;另一方面,机动车辆保险的保险人从自身和社会效益的角度出发,联合汽车生产厂家开展对于汽车事故原因的统计分析,研究和应用汽车安全新技术并为此投入大量人力和财力,从而促进了汽车安全性能方面的提高。此外,汽车消费贷款保证保险和汽车售车信用保险对促进汽车消费有重要作用。

(2) 扩大保险利益

机动车辆保险中,针对机动车辆的所有者与使用者往往不是同一人的特点,机动车辆保险条款一般规定:不仅被保险人本人使用车辆时发生保险事故保险人要承担赔偿责任,而且凡是被保险人允许的合格驾驶员使用车辆时,也视为对保险标的具有保险利益,如果发生保险单上约定的事故,保险人同样要承担赔偿责任。这说明机动车辆的规定以"从车"为主,凡经被保险人允许的合格驾驶员驾驶被保险人的车辆发生保险事故造成损失,保险人须对被保险人负赔偿责任。此规定是为了对被保险人和第三者提供更充分的保障,并非是对保险利益原则的违背。但如果在保险合同有效期内,保险车辆转卖、转让、赠送他人,被保险人应当书面通知保险人并申请办理批改。否则,保险事故发生时,保险人对被保险人不承担赔偿责任。

(3) 稳定了社会公共秩序

随着我国经济的发展和人民生活水平的提高,汽车作为重要的生产运输和代步的工具,成为社会经济及人们生活中不可缺少的一部分,其作用显得越来越重要。汽车作为一种保险标的,虽然单位保险金不是很高,但数量多而且分散;车辆所有者既有党政部门,也有工商企业和个人。车辆所有者为了转嫁使用汽车带来的风险,愿意支付一定的保险费投保。汽车出险后,从保险公司获得经济补偿。由此可以看出,开展汽车保险既有利于社会稳定,又有利于保险合同当事人的合法权益。

(4) 促进了汽车安全性能的提高

在汽车保险业务中,经营管理与汽车维修行业及其价格水平密切相关。原因是在汽车保险的经营成本中,事故车辆的维修费用是其中重要的组成部分,同时车辆的维修质量在一定程度上体现了汽车保险产品的质量。保险公司出于有效控制经营成本和风险的需要,除了加强自身的经营业务管理外,必然会加大事故车辆修复工作的管理,一定程度上提高了汽车维修量管理的水平。同时,汽车保险的保险人从自身和社会效益的角度出发,联合汽车生产厂家、汽车维修企业开展汽车事故原因的统计分析,研究汽车安全新技术,并为此投入大量人力和财力,从而促进了汽车安全性能方面的提高。

(5) 汽车保险业务在财产保险中占有重要的地位

目前,大多数发达国家的汽车保险业务在整个财产保险业务中占有十分重要的地位。美国汽车保险的保险费收入,占财产保险总保险费的45%左右,占全部保险费的20%左右。亚洲地区的日本汽车保险的保险费占整个财产保险总保险费的比例更是高达58%左右。

从我国情况来看,随着积极的财政政策的实施,道路交通建设的投入越来越多,汽车保险业务量逐年递增。在过去的20年中,汽车保险业务保险费收入每年都以较快的速度增长。国内各保险公司中,汽车保险业务保险费收入占其财产保险业务总保险费收入的60%以上,部分公司的汽车保险业务保险费收入占其财产保险业务总保险费收入的70%以上。汽车保险业务已经成为财产保险公司的"吃饭险种"。其经营的盈亏,直接关系到整个财产保险公司效益。可以说,汽车保险业务的效益已成为财产保险公司效益的"晴雨表"。

【本章小结】

风险是指在某一特定环境下,在某一特定时间段内,某种损失发生的可能性。

风险是由风险因素、风险事故和风险损失等要素组成,它们相互作用,共同决定了风险的存在、发展和变化。

风险具有客观性、不确定性、损失性、可变性、普遍性的特点。

按风险产生的原因分类,有自然风险、社会风险、经济风险、技术风险、政治风险、法律风险;按风险损害的对象分类,有财产风险、人身风险、责任风险、信用风险;按风险的性质分类,有纯粹风险、投机风险、收益风险;按风险涉及的范围分类,有特定风险、基本风险。

保险是指投保人根据合同约定,向保险人支付保险费,保险人对于合同约定的可能发生的事故因其发生所造成的财产损失承担赔偿保险金责任,或者当被保人死亡、伤残、疾病或者达到合同约定的年龄、期限时承担给付保险金责任的商业保险行为。

保险具有经济性、互助性、法律性、科学性的特征。

保险按具体的性质可分为商业保险、社会保险和政策保险;按照不同的保险标的,保险可分为财产保险、责任保险、信用保证保险和人身保险四类;按保险的实施形式,保险可分为强制保险与自愿保险。

汽车保险是以保险汽车的损失,或者以保险汽车的所有人或驾驶员因驾驶保险汽车发生交通事故所负责任为保险标的的商业保险。

汽车保险的特点是:对象具有广泛性、对象具有差异性、保险标的具有可流动性、出险频率高、条款和费率的管理具有刚性。

【案例分析】

案例1　汽车保险的保单没有对应清楚,粗心吃亏

王先生是一家公司的老板,平时都没什么空,在当地购买了一辆本田雅阁车,第二天,在朋友的帮助下,迅速委托朋友和中国人民保险公司订立了车辆保险合同。当时根据条款内容所定,机动车辆损失保险的保险金额为 21.98 万元、人身财产损失保险金额为 10 万元,以及不计免赔险等,保险期限为 1 年。一个月之后他的车被撞得无法行驶,前右悬挂及轮胎严重受损。但人保公司代理人却说汽车损失不能够理赔。

案例2　收费停车场中丢车剐蹭,不赔偿

去年,王小姐考下了驾照后,买了一辆沃尔沃。每天她都把车停在小区的停车场内。为此,每个月王小姐还要交给物业几百元的停车管理费。今年 6 月,王小姐一早去上班时,发现停放在小区的车丢失。但因为王小姐是新手,所以给车上的是全险,车辆丢失后,她向保险公司报案并要求理赔,但保险公司的答复是:凡是在收费停车场中丢车,保险公司是不赔的。

参考答案

案例1分析：在给汽车买保险时，人们会相信品牌优势，比如购买人保车险，太平洋汽车险都是有车一族最先考虑的对象，但两辆车相撞，保险公司需要承担的是车损险，并非第三者责任保险。而王先生混淆了车损险和第三者责任险的保险责任的关系，这主要是他的粗心大意，没有清楚人保车险的保障范围。

应对策略：在购买汽车保险的时候，不管是选择购买人保车险，还是购买太平洋车险，都要认认真真、仔仔细细核对车辆保险的保障范围，否则，到理赔时就哑巴吃黄连了。不过除了自己小心之外，也不要过分迷信大型公司的保险代理人，以免被忽悠。

案例2分析：根据保险公司的规定，凡是车辆在收费停车场或营业性修理厂中被盗，保险公司一概不负责赔偿。因为上述场所对车辆有保管的责任，在保管期间，因保管人保管不善造成车辆损毁、丢失的，保管人应承担责任。保险公司不负责赔偿。因此，无论是车丢了，还是被划了，保险公司一概不管。

应对方法：正确的方式是找停车场去索赔。因此，驾驶人一定要注意每次停车时收好停车费收据。虽然很多收费停车场的相关规定中写着"丢失不管"，但根据我国合同法中关于格式合同的规定，这属于单方面推卸自己应负的责任，如无法协商解决，可诉诸法律。

【复习思考题】

1. 风险的组成要素有哪些？它们相互之间是什么关系？
2. 风险的特点是什么？如何识别风险？
3. 何谓风险管理，举例说明。
4. 简述保险的概念及本质。
5. 什么是保险利益？
6. 简述保险价值和保险金额的概念区分。
7. 汽车保险的特点和作用是什么？

2 汽车保险原则与合同

导入案例

王女士于 2013 年 9 月 14 日从张先生处购买富康牌轿车一辆,并办理了汽车过户手续。该车已由张先生在某保险公司投保,签订了汽车保险合同,保险期限为 2013 年 9 月 15 日 0 时起至 2014 年 9 月 14 日 24 时止。2013 年 11 月 16 日该车出险,保险公司接受索赔申请后,以王女士未办理被保险人变更手续为由拒绝赔偿。

阅读该案例,思考:

(1) 什么是汽车保险合同? 汽车保险的原则是什么?

(2) 从上述资料中我们可以得到哪些经验和教训?

关键词:保险原则　保险合同

2.1 汽车保险原则

汽车保险活动必须以遵循保险法为基本前提,保险法中集中体现的相关原则必须落实在汽车保险过程中。这些原则既是保险法的立法依据,同时也是保险活动中必须遵循的基本准则。这些原则主要包括保险利益原则、最大诚信原则、近因原则、损失补偿原则、代位原则、分摊原则等。

2.1.1 保险利益原则

1. 保险利益原则的定义

保险利益是指投保人对保险标的具有的法律上承认的经济利益,亦称可保利益。具体体现为投保人或被保险人与保险标的之间存在的经济利益关系,当保险标的发生保险事故时,必然使被保险人蒙受经济损失。例如,某人拥有一辆汽车,如汽车完好,他就可以自己使用,或者通过出租、出售来获得利益;如汽车损毁,他就无法使用,更谈不上出租、出售,经济上就要受到损失。正是因为他对自己拥有的汽车具有经济利害关系,他才考虑汽车的安危,将其投保汽车保险；而保险人也正因为他对这辆汽车具有经济利害关系，才允许他投保。这就说明汽车的所有人对其所拥有的汽车具有保险利益。

保险利益原则又称可保利益原则，是指在签订和履行保险合同过程中投保人对保险标的应当具有保险利益。投保人对保险标的不具有保险利益的，保险合同无效。如果保险合同生效后，投保人或被保险人对保险标的的失去保险利益，也可能导致保险合同随之失效。保险利益原则主要有两层含义：其一，投保人在投保时，必须对保险标的具有保险利益，否则，保险就可能成为一种赌博，丧失其补偿经济损失、给予经济帮助的功能。其二，投保人是否对保险标的具有保险利益，是判断保险合同有效或无效的根本依据，缺乏保险利益要件的保险合同，自然不发生法律效力。

2. 保险利益的构成条件

（1）必须是法律上认可的利益

保险利益必须是符合法律规定，符合社会公共秩序要求，为法律认可并受到法律保护的利益。违法行为所产生的利益不能成为保险利益。如盗窃、诈骗、走私等手段所获取的汽车即为非法利益。

（2）必须是经济上的利益

保险利益必须是可以用货币计算或估价的利益。如政治利益、精神创伤等不能构成保险利益，那么，即使发生保险事故也难以确定应予补偿的标准，保险合同也无从生效。

（3）必须是确定的利益

确定利益包括已经确定的利益和即将确定的利益，也就是现有利益和预期利益。现有利益是指现实中已存在的利益，如已取得的车辆所有权或使用权等。预期利益是指将要获得的、合法的、可以实现的利益，例如预期利润、预期费用等。一般来说，仅有预期利益不能认为具有保险利益，而依附于现有利益上的预期利益可以被认可。对于汽车保险，其保险利益多偏重于现有利益。

3. 保险利益的种类

保险利益按照利益表现形式可以分为以下几类。

（1）财产保险的保险利益

财产保险的保险标的是财产及其有关利益，凡因财产及其有关利益而遭受损失的投保人，对其财产及有关利益具有保险利益。财产保险的保险利益有下列情况：

① 财产所有人、经营管理者、财产保管人及承租人的保险利益。一旦其财产毁损灭失，财产所有人就会使自己遭受经济损失而对该财产具有保险利益；财产的经营管理者、保管人、承租人，对他们所经营、保管、使用的财产负有经济责任，因而具有保险利益；故他们可以为其拥有、经营、保管或承租的财产投保。例如，房屋所有权人可以为房屋投保家庭财产险；承运人可为托运的货物投保运输保险；企业经营者可以为其经营的财产投保企业财产险；房屋承租人可以为所租赁的房屋投保火灾保险。

② 抵押权人与质权人的保险利益。抵押与出质都是债务的一种担保，当债务人不能清偿债务时，抵押权人或质权人有从抵押或出质的财产价值中优先受偿的权利，因而对抵押、出质的财产均具有保险利益。就银行抵押贷款的抵押品而言，在贷款未还之前，抵押品的毁

损灭失会使银行蒙受损失,银行对抵押品具有保险利益;在借款人偿还贷款后,银行对抵押品的抵押权消失,其保险利益也随之消失。

③ 合同双方当事人的保险利益。在合同关系中,一方当事人或双方当事人,只要合同标的的毁损会给他们带来经济损失,其对合同标的就具有保险利益。例如,在进出口贸易中,出口方或进口方均具有投保货物运输保险的保险利益。

(2) 人身保险的保险利益

人身保险的保险标的是人的生命或身体,签订人身保险合同要求投保人与保险标的之间存在经济利害关系。根据《保险法》第三十一条的规定,人身保险的保险利益可分为以下四种情况。

① 本人对自己的生命和身体具有保险利益,可以作为投保人为自己投保。

② 投保人对配偶、子女、父母的生命和身体具有保险利益,可以作为投保人为他们投保。由于配偶之间、父母与子女之间具有法律规定的抚养或赡养责任,被保险人的死亡或伤残会给投保人造成经济损失,所以投保人对其配偶、父母、子女具有保险利益,可以作为投保人为他们投保。

③ 投保人对上述两项以外与投保人有抚养、赡养或者扶养关系的家庭其他成员、近亲具有保险利益。由于与投保人有抚养、赡养或者扶养关系的家庭成员、近亲属的伤亡,可能会给投保人带来经济上的损失,因此,投保人对他们具有保险利益,可以为他们投保。

④ 除前款规定外,被保险人同意投保人为其订立合同的,视为投保人对被保险人具有保险利益。在国外,就判定投保人对他人的生命和身体是否具有保险利益方面,主要有两种观点:一是利害关系论。只要投保人对被保险人的存在具有精神和物质幸福,被保险人死亡或伤残会造成投保人痛苦和经济损失,有这种利害关系存在就具有保险利益。英、美等国一般采用这种主张,如认为债权人对债务人具有保险利益,企业对其职工具有保险利益。二是同意或承认论。只要投保人征得被保险人同意或承认,就对其生命或身体具有投保人身保险的保险利益。德国、日本、瑞士等国采用这种观点。根据《保险法》第五十三条的规定可以看出,我国对人身保险合同的保险利益的确定方式是采取了限制家庭成员关系范围并结合被保险人同意的方式。

(3) 责任保险的保险利益

责任保险的保险标的是被保险人对第三者依法应负的赔偿责任,因承担经济赔偿责任而支付损害赔偿金和其他费用的人具有责任保险的保险利益。责任保险的保险利益主要有以下四种:

① 雇主责任保险的保险利益。雇主对雇员在受雇期间从事业务因遭受意外导致伤残、死亡或患有有关的职业性疾病,而依法或根据雇用合同应承担经济赔偿责任的(如医药费、工伤补贴、家属抚恤金等),应具有保险利益,可投保雇主责任保险。

② 公众责任保险的保险利益。各种公众或非公众场所(如旅馆、商店、影剧院、工程建设工地等)的所有者或经营者,对因这些场所的缺陷或管理上的过失及其他意外事件导致顾客、观众等人身伤害或财产损失,依法应对受害人承担经济赔偿责任,应具有保险利益,可投保公众责任险。

③ 职业责任保险的保险利益。各类专业人员,如医师、律师、建筑师、设计师等,可能由于工作上的疏忽或过失使他人遭受损害而必须依法承担经济赔偿责任,因而具有保险利益,

可投保职业责任保险。

④ 产品责任保险的保险利益。制造商、销售商因商品质量缺陷或其他问题给消费者造成人身伤害或财产损失，依照法律应承担经济赔偿责任，因而对这种侵权责任具有保险利益，可投保产品责任险。

（4）信用与保证保险的保险利益

信用与保证保险的保险标的是一种信用行为。信用保险的保险利益是指债权人担心债务人到期无法偿还债务而致使自身遭受经济损失，从而债权人对债务人的信用具有保险利益，债权人可以投保信用保险。保证保险的保险利益是指债务人对自身的信用具有保险利益，可以按照债权人的要求投保自身信用的保险，即保证保险。

4. 保险利益的变动

在人身保险中，一般不存在保险利益的转移问题。在财产保险中，保险利益转移主要是由于财产保险标的物的转移引起的。具体来说，保险标的转移有以下几种情况。

（1）转让

保险利益附着于保险标的，保险利益是否随保险标的的转让而同时转移，对此各国（地区）立法均有不同之处。有的采用同时转移主义，即所有权转移时保险标的同时随之转于受让人。有的采用不动产转移主义，即保险利益的转移仅限于不动产的转移。在我国，对于保险标的转让以后保险利益是否转移，没有明确的法律规定。但在保险实践中，对于某些险种，承认保险标的的转让后，保险合同继续生效。

（2）继承

保险人死亡后，保险利益的继承各国法律大都采用同时转移主义，即保险合同仍为继承人的利益而存在。根据我国保险法规定，保险利益的继承应得到保险人同意方可。

（3）破产

在投保人破产时，在财产保险方面，其财产移转于破产财团，以备分配于破产债权人，因此保险合同仍为破产债权人而存在；在人身保险方面，投保人破产，保险合同约定有受益人的，仍为受益人利益而存在。因为投保人破产，但他对保险标的的保险利益并不因之丧失，故其保险合同仍属有效，不过投保人既已破产，则对于其财产即已丧失处分权，所以其保险合同只能为破产债权人的利益而存在。

5. 保险利益的消灭

在财产保险中，保险标的的消灭，保险利益即消灭；在人身保险中，被保险人因人身保险合同除外责任规定的原因死亡，如自杀（两年内）、刑事犯罪被处决等，均构成保险利益的消灭。

6. 保险利益的时效

就财产保险而言，投保人应当在投保时对保险标的具有保险利益；合同成立后，被保险人可能因保险标的的买卖、转让、赠予、继承等情况而变更，因此，发生保险事故时，被保险人应当对保险标的具有保险利益。在财产保险实务中，当保险合同订立时，如果投保人对保险标的无保险利益，那么该合同就是无效合同。如果损失发生时，被保险人的保险利益已经终止或转移出去,也不能得到保险人的赔偿,但海洋货物运输保险除外。

【举例 2-1】 2005 年 4 月 8 日,某建筑公司为其车辆在一家保险公司购买了车辆损失险、第三者责任险、盗窃险,保险期限自 2005 年 4 月 25 日 0 时起至 2006 年 4 月 24 日 24 时止。建筑公司及时交付了保险费。2005 年 10 月 25 日,建筑公司将该车转让给个体户王某,并同时在车辆管理所办理了过户手续。11 月 14 日,驾驶员李某驾驶该车辆与另一货车相撞,两辆事故车的修理费分别为 3.8 万元和 4.5 万元。根据公安交警大队出具的道路交通事故责任认定书,李某应对交通事故负全部责任。2006 年 5 月,建筑公司和王某一起向保险公司提出索赔申请,并于同年 6 月 10 日向保险公司出具了该车在车管所过户的证明。

保险公司以保险车辆已过户但未申请办理保险批改手续为由,向被保险人发出拒赔通知书。主要依据:

《保险法》第四十八条　保险事故发生时,被保险人对保险标的不具有保险利益的,不得向保险人请求赔偿保险金。

《保险法》第四十九条　保险标的转让的,保险标的的受让人承继被保险人的权利和义务。保险标的转让的,被保险人或者受让人应当及时通知保险人,但货物运输保险合同和另有约定的合同除外。因保险标的转让导致危险程度显著增加的,保险人自收到前款规定的通知之日起三十日内,可以按照合同约定增加保险费或者解除合同。保险人解除合同的,应当将已收取的保险费,按照合同约定扣除自保险责任开始之日起至合同解除之日止应收的部分后,退还投保人。被保险人、受让人未履行本条第二款规定的通知义务的,因转让导致保险标的的危险程度显著增加而发生的保险事故,保险人不承担赔偿保险金的责任。

7. 保险利益原则的作用

(1) 避免变保险为赌博

保险与赌博的最大区别,就是保险有保险利益的要求,没有保险利益的保险就是赌博。保险与赌博行为都具有射幸性。如果保险关系不是建立在投保人对保险标的具有保险利益的基础上,那么必将助长人们为追求获得远远高于其保险费支出的赔付数额而利用保险进行投机的行为。例如,投保人以与自己毫无利害关系的车辆为标的投保,一旦发生保险事故就可获得相当于投保标的价值的巨额赔款,人们像在赛马场上下赌注一样买保险,这会严重影响社会安定的。

(2) 有效防止道德风险发生

这里所谓的道德风险是指被保险人或受益人为获取保险金赔付而违反道德规范,甚至故意促使保险事故发生或在保险事故发生时放任损失扩大。由于保险费与保险赔偿或给付金额的悬殊,如果不以投保人对保险标的具有保险利益为保险合同有效条件,将诱发投保人或被保险人为牟取保险赔款而故意破坏保险标的的道德风险,引发犯罪动机与犯罪行为。

(3) 限制保险补偿的程度

以保险利益作为保险人承担赔偿或给付责任的最高限额,既能保证被保险人能够获得足够的、充分的补偿,又不会使被保险人因保险而获得超过损失的额外利益,不允许他们通过保险而“增加财富”。保险利益原则可以为保险赔偿数额的界定提供合理的科学依据。

2.1.2　最大诚信原则

《保险法》第五条规定：“保险活动当事人行使权利、履行义务应当遵循诚实信用原则。”所谓诚实信用，是任何一方当事人对他方不得隐瞒欺诈，而应当善意地、全面地履行各自的义务。

规定最大诚信原则的原因：保险信息不对称和保险合同的射幸性。

1. 最大诚信原则的含义

由于保险关系的特殊性，人们在保险实务中越来越感到诚信原则的重要性，要求保险合同双方当事人最大限度地遵守这一原则，故称最大诚信原则。诚信是指诚实、守信用，即要求合同双方当事人不隐瞒事实，不相互欺诈，以最大诚信全面履行各自的义务，以保证对方权利的实现。任何一方存在隐瞒或欺诈，就有可能导致对方判读失误而深受其害。

2. 最大诚信原则的内容

（1）告知

① 履行如实告知义务

《保险法》第十六条规定：“订立保险合同，保险人就保险标的或者被保险人的有关情况提出询问的，投保人应当如实告知。”“投保人故意或者因重大过失未履行前款规定的如实告知义务，足以影响保险人决定是否同意承保或者提高保险费率的，保险人有权解除保险合同。”“投保人故意不履行如实告知义务的，保险人对于合同解除前发生的保险事故，不承担赔偿或者给付保险金的责任，并不退还保险费。”“投保人因重大过失未履行如实告知义务，对保险事故的发生有严重影响的，保险人对于合同解除前发生的保险事故，不承担赔偿或者给付保险金的责任，但应当退还保险费。”

告知的方式分为无限告知和询问告知两种。我国汽车保险实务中一般以投保单为限，即投保单中询问的内容投保人必须如实填写，告知的内容通常包括车辆情况、使用情况、驾驶员情况等，除此之外，投保人不必告知。

② 履行说明义务

《保险法》第十七条规定：订立保险合同，采用保险人提供的格式条款的，保险人向投保人提供的投保单应当附格式条款，保险人应当向投保人说明合同的内容。

对保险合同中免除保险人责任的条款，保险人在订立合同时应当在投保单、保险单或者其他保险凭证上作出足以引起投保人注意的提示，并对该条款的内容以书面或者口头形式向投保人作出明确说明；未作提示或者明确说明的，该条款不产生效力。

（2）保证

① 保证的概念

保证是指保险双方在合同中约定，投保人或被保险人担保在保险期限内对某一事项的作为或不作为的允诺。

保证对保险人的要求主要表现为：在保险事故发生或合同约定的条件满足后，保险人应按合同的约定履行赔偿或给付义务。对投保人而言，保证主要是指按时交纳保费、维护标的物的安全、标的物发生损失时及时进行抢救以及标的物出险后维护现场和配合保险人及有关部门进行调查等。

② 保证的分类

按照保证是否已经确实存在可分为确认保证和承诺保证。确认保证是指投保人对过去或现在某一特定事项存在或不存在的保证。承诺保证又称约定保证,是指投保人对将来某一事项作为或不作为的保证。如果被保险人保证的事情现在如此,将来也必须如此,那么这种保证称为承诺保证。比如,机动车辆保险条款中列明:"被保险人及其驾驶员应当做好保险车辆的维护、保养工作,保险车辆装载必须符合规定,使其保持安全行驶技术状态"就是承诺保证。如果被保险人保证的事情现在如此,将来不一定如此,则称为确认保证。这种保证有时以书面形式出现在保险单中,有时仅仅以口头形式表示确认。

按照保证存在形式可分为明示保证和默示保证。明示保证一般以特约条款或附加条款载于保险单内,或者以口头方式承诺。默示保证在保险单内虽无文字规定,但一般是国际惯例通行的准则,习惯上或社会公认的应在保险实践中遵守的规则,如要求被保险车辆必须有正常的行驶能力,这一常识行为即为默示保证。

③ 保证与告知的区别

a 保证是保险合同的重要组成部分,是一种合同义务。除默示保证外,均需列入保险单或其他合同附件中;而告知是在保险合同订立时,投保人所作的陈述,是一种先合同义务,并不构成保险合同的内容,但若将告知订入合同,其性质则转化为保证。

b 保证的目的是控制风险;而告知的目的在于使保险人能正确估计风险发生的可能和程度。

c 保证在法律上被推定为重要的,任何违反行为都将导致合同被解除的法律后果;而告知需由保险人证明其确实重要,才能成为解除合同的依据。

d 保证则必须严格遵守,而告知仅实质上正确即可。

（3）弃权和禁止反言

这是最大诚信原则对保险人的要求。弃权,指保险合同当事人一方放弃他在合同中可以主张的某种权利。在保险合同中是指保险人放弃法律或保险合同中规定的某项权利,如拒绝承保的权利、解除保险合同的权利等。

禁止反言,是指一方当事人既然已放弃合同中可以主张的权利,日后就不得再重新主张这种权利。是指保险人既然放弃了该项权利,就不得向被保险人或受益人再主张这种权利。例如,在美国某汽车保险中,如果限制行驶区域为美国和加拿大,然而当投保人告诉保险公司的代理人,被保险人将在投保后驾车到南美洲,如果该代理人为了招揽业务,认为这个告知不影响合同的签订和费率。合同订立后,被保险人驾车到南美洲并发生了意外,那么根据弃权和禁止反言规则,保险人当初放弃了对行驶区域的规定,不能反言以被保险人违反合同中关于行驶区域的规定而行使保险合同解除权,保险人必须偿付保险金。

3. 最大诚信原则的运用

在目前保险市场中,尤其在汽车保险业务中保险欺诈的现象日益严重,违背最大诚信原则恶意违法行为很多。保险人在经营汽车保险时,要对车险的风险因素有足够的认识,加强经营中的风险防范措施,最大限度地限制和打击保险欺诈活动。同时,投保人也应认真遵守最大诚信原则,以免给自己带来不必要的损失。

【举例2-2】 2003年10月,成都市某合资公司将一辆奔驰轿车向成都市某保险公司投保机动车辆保险。承保代理人将该车以国产车计收保险费,少收保费748元。保险公司发现这一情况后,遂通知投保人补缴保费,但遭到拒绝。

随后,保险公司单方面向投保人出具了批单,批单批注:"如果出险,我公司按比例赔偿。"合同有效期内,该车不幸出险,双方在赔付比例上发生纠纷。投保人一纸诉状将保险公司告上法庭,最终法院判决保险公司全额赔偿投保人。

解读:如果本着保险价格与保险责任相一致的原则,此案宜按比例赔偿,但依法而论,却只能按全额赔偿。理由如下:

其一,最大诚信原则。保险合同是最大诚信合同。如实告知、弃权、禁止反言系保险最大诚信原则的内容。保险公司单方出具批单的反悔行为是违反禁止反言的,违背了最大诚信原则,不具有法律效力。

其二,保险公司单方出具保险批单不影响合同的履行。法理上,生效合同只有双方在其中重要问题上均犯有同样错误才影响其法律效力。一方的错误即单方错误不属合同的错误,不影响合同效力。本案中,保险代理人错用费率系单方错误,不影响合同效力。

其三,保险公司不得因代理人承保错误而推卸赔偿责任。

2.1.3 近因原则

1. 近因原则的含义

所谓近因,不是指在时间或空间上与损失结果最为接近的原因,而是指促成损失结果最有效的,或起决定作用的原因。近因原则的含义是指造成保险标的损失的近因是保险责任范围内的,保险人承担损失赔偿责任;造成保险标的损失的近因不属于保险责任范围内的,保险人不承担损失赔偿责任。

2. 确定近因的方法

(1) 从最初事件出发,按逻辑推理,判断下一个事件可能是什么,再从可能发生的第二个事件,按照逻辑推理判断最终事件即损失是什么。如果推理判断与实际发生的事实相符,那么,最初事件就是损失的近因。

(2) 从损失开始,按顺序自后向前追溯,在每一个阶段上按照"为什么这一事件会发生?"的思考来找出前一个事件。如果追溯到最初的事件且没有中断,那么,最初事件即为近因。

【举例2-3】 暴风吹倒了电线杆,电线短路引起火花,火花引燃房屋,导致财产损失。对此,我们无论运用上述哪一种方法,都会发现此案例中的暴风、电线杆被刮倒、电线短路、火花、起火之间具有必然的因果关系,因而,财产受损的近因——暴风,也就随之确定了。

3. 近因原则的运用

根据近因原则找出损失的近因后,并不意味着保险人必然承担赔偿责任,只有当该近因属于保险责任范围时,保险人才承担赔偿或给付责任。那么保险责任近因如何确定呢?一般可以按以下几种情况分别加以分析和判断。

(1) 致损的原因只有一个

这里是指造成财产损失或者人身伤亡的原因只有一个,这个原因就是近因。若这一原因符合条款的保险风险范围,则保险人应赔偿事故损失;否则,保险人不应赔偿事故损失。例如,一投保了车辆损失保险的车辆,若因雹灾导致车辆受损,则雹灾为近因,且雹灾属于车辆损失险的保险范围,所以保险人负责赔偿车辆损失;若因地震导致车辆受损,则地震为近因,而地震不属于车辆损失险的保险范围,所以保险人不负责赔偿车辆损失。

(2) 多种原因同时并存发生

如果损失的发生有同时存在的多种原因,且对损失都起决定性作用,则它们都是近因。而保险人是否承担赔付责任,应区分两种情况:第一,如果这些原因都属于保险风险,则保险人承担赔付责任;相反,如果这些原因都属于除外风险,保险人则不承担赔付责任。第二,如果这些原因中既有保险责任,也有除外责任,保险人是否承担赔付责任,则要看损失结果是否容易分解。对于损失结果可以分别计算的,保险人只负责保险风险所致损失的赔付;对于损失结果难以划分的,保险人有时倾向于不承担任何损失赔偿责任,有时倾向于与被保险人协商解决,对损失按比例分摊。

【举例 2-4】 保险汽车低速行驶时撞伤一患有慢性病的行人,送医院治疗,一天后死亡。用近因原则分析该事故可知:单纯的交通事故或慢性病都不会产生行人死亡的后果,但在二者共同作用下导致了行人死亡,因此,交通事故与慢性病均视为行人死亡的近因。但保险赔偿时,应确定两种因素对死亡结果的作用比例。

(3) 多种原因连续发生

多种原因连续发生是指损失是由若干个连续发生的原因造成,且各原因之间的因果关系没有中断。保险人是否承担赔付责任,也要区分两种情况:第一,如果这些原因中没有除外风险,则这些原因即为损失的近因,保险人应负赔付责任。第二,如果这些原因中既有保险风险,也有除外风险,则要看损失的前因是保险风险还是除外风险。如果前因是保险风险,后因是除外风险,且后因是前因的必然结果,则保险人应承担赔付责任;相反,如果前因是除外风险,后因是保险风险,且后因是前因的必然结果,则保险人不承担赔付责任。

【举例 2-5】 人身意外伤害保险(疾病是除外风险)的被保险人因车祸撞成重伤,因伤重无法行走,只能倒卧在湿地上等待救护,结果由于着凉而感冒高烧,后又并发了肺炎,最终因肺炎致死。此案中,被保险人的意外伤害与死亡所存在的因果关系并未因肺炎疾病的发生而中断,虽然与死亡最接近的原因是除外风险——肺炎,但它发生在保险风险——意外伤害之后,且是意外伤害的必然结果,所以,被保险人死亡的近因是意外伤害而非肺炎,保险人应承担赔付责任。

(4) 多种原因间断发生

多种原因间断发生是指损失是由间断发生的多种原因造成的。如果风险事故的发生与损失之间的因果关系由于另外独立的新原因介入而中断,则该新原因即为损失的近因。如果该新原因属于保险风险,则保险人应承担赔付责任;相反,如果该新原因属于除外风险,则保险人不承担赔付责任。

【举例 2-6】 在人身意外伤害保险中,被保险人在交通事故中因严重的脑震荡而诱发癫狂与抑郁交替症。在治疗过程中,医生叮嘱其在服用药物时切忌进食干酪。但是,被保险人却未遵医嘱,服该药时又进食了干酪,终因中风而亡,据查中风确系药物与干酪所致。在此案中,食用相忌的食品与药物所引发的中风死亡,已打断了车祸与死亡之间的因果关系,食用干酪为中风的近因,故保险人对被保险人中风死亡不承担赔偿责任。

在汽车保险业务中,近因的确定,对于认定是否属于保险责任具有十分重要的意义。坚持近因原则的目的是为了分清与风险事故有关各方的责任,明确保险人承保的风险与保险标的损失结果之间存在的因果关系。虽然确定近因有其原则性的规定,即以最具作用和最有效果的致损原因作为近因,但在实践中,由于致损原因的发生与损失结果之间的因果关系错综复杂,判定近因和运用近因原则绝不是轻而易举的事。

2.1.4　损失补偿原则

1. 损失补偿原则的含义

损失补偿原则是指保险标的发生保险责任范围内的损失时,保险人按照合同约定,对被保险人遭受的实际损失进行赔偿。损害补偿只能使被保险人在经济上恢复到受损前的状态,而不允许被保险人通过额外索赔获得经济利益。

(1) 从无损失则无赔偿而言,补偿须以损失的发生为前提。

(2) 赔偿额应以实际损失额为限。当保险标的遭受损失后,按照保险合同规定,保险人的赔偿以被保险人所遭受的实际损失为限,不能超过被保险人的实际损失,被保险人不能通过保险获得额外利益。

(3) 赔偿应以保险金额为限。赔偿必须在保险人的责任范围内进行,即保险人只有在保险合同规定的期限内,以约定的保险金额为限,对合同中约定的危险事故所致损失进行赔偿。

(4) 赔偿额应当以保险利益为限。保险利益是被保险人向保险人索赔的基本依据,因此实施补偿原则的第三个限度就是以保险利益为限。在机动车辆贷款保险中,如果投保人向贷款人借10万元去购买价值20万元的汽车,那么贷款人对该汽车的保险利益为10万元,并且随着借款人还贷的进程,贷款人的保险利益逐步减少。

(5) 损失赔偿是保险人的义务。据此,被保险人提出索赔请求后,保险人应当按主动、迅速、准确、合理的原则,尽快核定损失,与索赔人达成协议并履行赔偿义务。

【举例2-7】 某车价值50万元,车主投保了半年的车损险,保额50万元。由于市场波动,一个月后该车市价变为40万元,如果此时发生火灾,车辆全损,那车主可以从保险公司获得40万元的赔偿,这是以实际损失为限。两个月后该车市价又变为60万元,如果此时发生火灾,车辆全损,那车主可以从保险公司获得50万元的赔偿,这是以保险金额为限。9个月后该车价又变为50万元,此时,车主向银行贷款30万元,并以该车做抵押,银行为安全起见,将该车投了为期1年的保险,保险金额50万元,如果刚买了保险后发生火灾,车辆全损,那银行可从保险公司获得30万元的赔偿,这是以保险利益为限。可见,保险的补偿以保险金额、实际损失、保险利益中最小的一个为赔偿限度。

2. 保险人履行损失补偿原则的方式

被保险人投保的目的是为了获得经济保障,发生事故遭受损失后,可以通过赔偿恢复到发生损失前的经济状态,所以保险人只要保证被保险人的经济损失能得到补偿就可以,至于补偿的方式,保险人有选择权。一般来说,保险人补偿的方式有三种:

(1)现金给付

现金给付是财产保险最常见的损害补偿方式,它简单方便,结案迅速,深受欢迎。汽车保险中的第三者责任险常采用这一补偿方式。

(2)重置

重置是指保险人重新购置与保险标的相同或相似的物品,作为损害的补偿。汽车保险的玻璃单独破碎险一般采用这一方式补偿。

(3)修理

修理是指当保险标的受损时,保险人采用修理的办法,将保险标的的性能恢复到未受损时的情况。车辆损失险一般采用这一形式补偿。

目前的汽车保险条款中一般都规定,因保险事故损坏的被保险机动车和第三者财产,应尽量修复。修理前被保险人应当会同保险人检验,协商确定修理项目、方式和费用。

2.1.5　代位原则

代位原则是指保险人依照法律或保险合同约定,对被保险人遭受的损失进行赔偿后,依法取得向对财产损失负有责任的第三者进行追偿的权利或者取得被保险人对保险标的的所有权。包括代位追偿和物上代位。

1. 代位追偿

(1)代位追偿的概念

代位追偿指在财产保险中,由于第三者的过错致使保险标的发生保险责任范围内的损失,保险人按照合同约定给付了保险金后,依法取得向对损失负有责任的第三者进行追偿的权利。产生代位追偿权,必须具备三个条件:①保险标的的损失必须是由第三者造成的,依法应由第三者承担赔偿责任;②保险标的的损失是保险责任范围内的损失,根据合同约定,保险公司理应承担赔偿责任;③保险人必须在赔偿保险金后,才能取代被保险人的地位与第三者产生债务债权关系。

(2)代位追偿权的范围

保险人通过代位追偿得到的第三者的赔偿额度,只能以保险人支付给被保险人的实际赔偿数额为限,超出部分的权利属于被保险人,保险人无权处理。

保险人向负民事赔偿责任的第三者行使代位请求赔偿的权利,不影响被保险人就未取得赔偿的部分向第三者请求赔偿的权利。

(3)代位追偿权的限制

在适用范围上,只适用于财产保险合同,而不适用于人身保险合同。

在适用对象上,当第三者是被保险人的家庭成员或其组成人员时,保险人不能向其追偿。但是如果是其故意行为引起保险事故发生,致使保险标的遭受损失的,保险人行使代位权就不受以上规定的限制。

(4)代位追偿权的行使

就投保人而言,不能损害保险人的代位追偿权并要协助保险人行使代位追偿权。第一,如果被保险人在获得保险人赔偿之前放弃了向第三者请求赔偿的权利,那么,就意味着他放弃了向保险人索赔的权利。第二,如果被保险人在获得保险人赔偿之后未经保险人同意而放弃对第三者请求赔偿的权利,该行为无效。第三,如果发生事故后,被保险人已经从第三者取得赔偿或者由于过错致使保险人不能行使代位求偿权,保险人可以相应扣减保险赔偿金。第四,在保险人向第三者行使代位求偿权时,被保险人应当向保险人提供必要的文件和其所知道的有关情况。

2. 物上代位

(1)物上代位权的概念

物上代位权是指保险标的发生保险责任事故遭受损失,保险人在履行了对被保险人的赔偿义务后,代位取得对受损标的的所有权。

物上代位权与代位追偿权不同的是:代位追偿权中可以取得的是向第三者的追偿权,而物上代位权中可以取得的是保险标的的所有权。《保险法》第五十九条规定:"保险事故发生后,保险人已支付了全部保险金额,并且保险金额等于保险价值的,受损保险标的的全部权利归于保险人;保险金额低于保险价值的,保险人按照保险金额与保险价值的比例取得受损保险标的的部分权利。"

(2)产生物上代位权的情形

① 实际全损

保险标的的实际全损,保险人按照实际损失对被保险人进行足额赔偿后,即取得了该保险标的的所有权。

② 委付

委付是指保险标的的损失程度符合推定全损的情况时,被保险人表示愿意将其对保险标的的一切权利和义务转移给保险人,要求保险人按照实际全损进行赔付的制度。

2.1.6　分摊原则

1. 分摊原则的概念

分摊原则是指在投保人重复保险的情况下,当保险事故发生时,由各保险人对被保险人的同一损失实行分摊的原则。分摊原则也是由补偿原则派生出来的,仅适用于财产保险。

重复保险是指投保人对同一标的、同一保险利益、同一保险事故分别与两个以上保险人订立保险合同,其保险金额总和超过保险标的的实际价值的保险。

2. 分摊方式

分摊赔款的方式一般有三种：比例责任分摊、限额责任分摊、顺序责任分摊。其中，比例责任分摊方式应用的最为广泛，《保险法》第四十一条第二款规定：除合同另有约定外，各保险人按照其保险金额与保险金额总和的比例承担赔偿责任。

（1）比例责任

比例责任分摊方式，是以保险金额为基础计算分摊责任，即各保险人按其承保的保险金额与各保险人承保保险金额总和的比例分摊责任。其计算公式如下：

$$各保险人承保比例 = \frac{保险人各自承保的保险金额}{各保险人承保保险金额的总和}$$

（2）限额责任

限额责任分摊方式是以赔偿限额为基础计算分摊责任，即假设在没有重复保险的条件下，各保险人以其承保的保险金额应付的最高限额与各保险人应负赔偿限额总和的比例分摊责任。其计算公式如下：

$$各保险人赔偿限额比例 = \frac{各保险人赔偿的限额}{各保险人赔偿限额的总和}$$

（3）顺序责任

顺序责任分摊方式是按照各家保险公司出单顺序赔偿，先出单的公司首先在其保险金额限度内负责赔偿，当损失金额超出前一家保额的情况下，由其他保险人按照承保时间的先后顺序在有效保额内依次赔偿。

【举例 2-8】 某投保人先后分别与甲、乙、丙三家保险公司签订了一份车损险保险合同。甲、乙、丙公司承保的金额分别为 100000 元、150000 元、250000 元，因发生火灾，损失 200000 元。按照比例责任、限额责任、顺序责任三种分摊方式计算，甲、乙、丙三家保险公司应分别赔付多少？

按比例责任分摊：

甲保险人应赔付款额为：100000/(100000+150000+250000)×200000＝40000(元)

乙保险人应赔付款额为：150000/(100000+150000+250000)×200000＝60000(元)

丙保险人应赔付款额为：250000/(100000+150000+250000)×200000＝100000(元)

按限额责任分摊：

甲保险人应赔付款额为：100000/(100000+150000+200000)×200000≈44444(元)

乙保险人应赔付款额为：150000/(100000+150000+200000)×200000≈66667(元)

丙保险人应赔付款额为：200000/(100000+150000+200000)×200000≈88889(元)

按顺序责任分摊：

甲保险人应赔付款额为：100000(元)

乙保险人应赔付款额为：100000(元)

丙保险人应赔付款额为：0(元)

三种分摊方法的对比如表 2-1 所示：

表 2-1　三种分摊方法的对比

公司 分摊方法	A公司	B公司	C公司
比例责任	40000	60000	100000
限额责任	44444	66667	88889
顺序责任	100000	100000	0

2.2　汽车保险合同

汽车保险合同是保险合同的一种,《保险法》关于保险合同的一般规定,包括合同订立、变更、解除以及保险合同双方当事人的权利义务关系等基本内容,对汽车保险合同的订立、变更等行为同样是适用的。不过,汽车保险业务活动毕竟与其他的具体险种合同行为存在差别,掌握这些差别,对于正确理解汽车保险具有十分重要的意义。

2.2.1　汽车保险合同概述

《保险法》第十条规定:"保险合同是投保人与保险人约定保险权利义务关系的协议。"保险合同的当事人是投保人和保险人;保险合同的内容是关于保险的权利义务关系。汽车保险合同是财产保险合同的一种,是指以汽车及其有关利益作为保险标的的保险合同。汽车保险合同不仅适用《保险法》、《道路交通安全法》、《机动车交通事故责任强制保险条例》等法律法规的规定,而且适用《中华人民共和国合同法》和《中华人民共和国民法通则》的有关规定。

2.2.2　汽车保险合同特征

汽车保险合同是双方当事人在社会地位平等的基础上产生的一项经济活动,是双方当事人平等、等价的一项民事法律行为,属于经济合同的一种。又由于汽车保险合同的客体不同于一般的经济合同,所以,它既具有经济合同的一般特点,同时又有自身的独特之处。

1. 汽车保险合同是有偿合同

有偿合同是指合同双方当事人的权利取得是需要花费一定代价的。在投保人和保险人订立汽车保险合同时,投保人是以向保险人支付一定的保险费为代价,取得当约定的保险事件出现时投保人能从保险人那里得到赔偿的权利;而保险人所具有的收取投保人保险费的权利,也是以保险标的发生保险事故后自己给予经济补偿的承诺为代价的。所以汽车保险合同是一种有偿合同。

2. 汽车保险合同是射幸合同

射幸是指侥幸、偶然或不确定的意思。射幸合同是指当事人双方在签订合同时不能确定履行内容的合同。汽车保险合同的射幸性表现为保险事件发生具有不确定性,所以保险人履行赔偿的责任也是不确定的。如果在保险期内保险汽车发生保险责任事故,那么保险人必须赔偿被保险人的经济损失,并且保险人的赔偿一般都远远超过投保人所支付的保险费;如果在保险期内没有发生保险事故,保险人则只有保费收入而无任何赔偿。

3. 汽车保险合同是双务合同

任何合同双方当事人都是法律行为人,都有义务履行合同,所以是双务合同,当事人双方的义务与享有的权利是相互联系、互为因果的,交纳保险费是保险合同生效的先决条件。投保人在承担支付保险费的义务后,汽车保险合同生效,被保险人在保险汽车发生保险事故时,依据保险合同享有请求保险人支付保险金或补偿损失的权利。同样,保险人在收取投保人保险费后,就必须履行保险合同所规定的赔偿损失的义务。因此,保险人和投保人或被保险人的权利与义务互为因果,汽车保险合同是双务合同。

4. 汽车保险合同是附和合同

附和合同是指合同双方当事人不充分商议合同的重要内容,而是由一方提出合同的主要内容,另一方只能取与舍,即要么接受对方提出的合同内容,签订合同,要么拒绝。汽车保险合同的主要内容一般情况下是由保险人事先拟定好,供投保人或被保险人选择,没有变更或修改的余地,所以汽车保险合同是附和合同。

该特点是由汽车保有量多和汽车保险业务专业性强决定的。随着汽车工业的迅猛发展,汽车保有量增长迅速,保险人每年签订的合同数量巨大,因此,保险手续必须力求迅速,由保险人事先拟定好合同的主要内容,然后投保人进行选择即可。同时,由于汽车保险合同内容的技术性较强,一般投保人缺乏了解,根本无法让其参与协商确定合同内容。

5. 汽车保险合同是最大诚信合同

任何合同的订立,都应本着诚实、信用的原则。汽车保险合同订立时,作为投保人,应当如实告知保险人汽车本身的情况,如是否是营运车、是否重复保险等,并如实回答保险公司提出的问题,不得隐瞒。因为这将影响保险人对保险费率的确定,决定保险合同是否有效。保险人也应将保险合同的内容及特别约定事项、免赔责任如实向投保人进行解释,不得误导或引诱投保人参加汽车保险。因此,最大诚信原则对投保人与保险人是同样适用的。

6. 汽车保险合同具有属人性

保险标的汽车转卖时,必须对保险合同进行批改,对于不同的人,由于年龄、性别、职业、习惯等不同,这就决定了汽车在不同的人手中,出险频率的大小是不同的,因此,保险公司有权重新核定,看是否继续接受该人的投保请求,这体现了汽车保险合同的属人性特征。

2.2.3 汽车保险合同的形式

1. 投保单

汽车保险投保单又称为"要保单"或者称为"投保申请书",是投保人申请保险的一种书面形式。通常,投保单由保险人事先设计并印制,上面列明了保险合同的具体内容,投保人只需在投保单上按列明的项目逐项填写即可。投保人填写好投保单后,保险人审核同意签章承保,这意味保险人接受了投保人的书面要约,说明汽车保险合同已告成立。汽车投保单的主要内容包括:①被保险人的名称;②投保人的名称;③保险车辆的名称;④投保的险别;⑤保险金额;⑥保险期限等内容。上述投保单的内容经保险人签章后,保险合同即告成立,保险人按照约定的时间开始承担保险责任。

2. 暂保单

暂保单是临时保险合同,用以证明保险人同意承保。暂保单的内容仅包括保险标的、保险责任、保险金额以及保险关系当事人的权利义务等。使用暂保单有以下几种情况:

(1) 代理人在争取到业务但尚未向保险人办妥保险单之前,对被保险人开具的临时证明。

(2) 保险公司的分支机构在接受投保人的要约后,需要获得上级保险公司的批准。

(3) 保险人和投保人在洽谈或续订保险合同时,订约双方已就主要条款达成一致,但一些条件尚未谈妥。

(4) 出口贸易结汇,保险单是必备的文件之一,在保险单或保险凭证未出具之前,可出立暂保单,以证明出口货物已办理保险,作为办理结汇凭证之一。

暂保单具有与正式保单同等的法律效力。同正式保单相比,暂保单的内容相对简单、保险期限短,可由保险人或兼业保险代理机构签发;而正式保单尽管法律效力与暂保单相同,但其内容较为复杂,保险期限通常为一年,保险单只能由保险人签发。我国现行的汽车保险中暂保单只承保车辆损失险和第三者责任险。

3. 保险单

保险单简称"保单",是保险人和投保人之间订立保险合同的正式书面凭证。它根据汽车投保人申请,在保险合同成立之后,由保险人向投保人签发。保险单上列明了保险合同的所有内容,它是保险双方当事人确定权利、义务和在发生保险事故遭受经济损失后,被保险人向保险人索赔的重要依据。

4. 保险凭证

也称保险卡,是保险人发给投保人以证明保险合同已经订立或保险单已经签发的一种凭证。便于被保险人或其允许的驾驶人员随身携带,证明保险合同的存在。保险凭证的法律效力与保险单相同,保险凭证上未列明的事项以保险单为准。

5. 批单

在保险合同有效期间,可能发生需要部分更动的情况,这时要求对保险单进行批改。批单的内容通常包括:批改申请人、批改的要求、批改前的内容、批改后的内容、是否增加保险费、增加保险费的计算方式、增加的保险费,并明确除本批改外原合同的其他内容不变。批单应该加贴在原保险单正本和副本背面上,并加盖骑缝章,使其成为保险合同的一部分。在多次批改的情况下,最近一次批改的效力优于之前的批改,手写批改的效力优于打字的批改。

6. 书面协议

保险人经与投保人协商同意,可将双方约定的承保内容及彼此的权利义务关系以书面协议形式明确下来。这种书面协议也是保险合同的一种形式。同正式保单相比,书面协议的内容不事先拟就,而是根据保险关系双方当事人协商一致的结果来签订,具有较大的灵活性和针对性,是一种不固定格式的保险单,它与保险单具有同等法律效力。

2.2.4　汽车保险合同的基本内容

1. 汽车保险合同的主体

所谓汽车保险合同的主体是指在保险合同订立、履行过程中享有合同赋予的权利和承担相应义务的人。根据在合同订立、履行过程中发挥的作用不同,保险合同的主体分为当事人和关系人两类。与汽车保险合同订立直接发生关系的人是保险合同的当事人,包括汽车保险人和投保人;与汽车保险合同间接发生关系的人是合同的关系人,仅指被保险人。

2. 汽车保险合同的客体

保险合同的客体是投保人于保险标的上的保险利益。投保人对保险标的应当具有保险利益;投保人对保险标的不具有保险利益的保险合同无效。

汽车保险合同的客体不是保险标的的本身,而是投保人或被保险人对保险标的所具有的合法的经济利害关系,即保险利益,也叫可保利益。

保险利益是投保人投保签约的起因,也是保险人决定是否可以承保的标准。

3. 汽车保险合同的内容

汽车保险合同的内容主要用来规定保险双方当事人所享有的权利和承担的义务,它通过保险条款使这种权利义务具体化,包括基本条款和附加条款(约定条款)。

1) 保险合同的基本条款

(1) 保险人的名称和住所

保险人专指保险公司,其名称须与保险监督管理部门和工商行政管理机关批准和登记的名称一致。保险人的住所即保险公司或分支机构的主营业场所所在地。

（2）投保人、被保险人名称和住所

投保人和被保险人的名称和住所作为保险合同基本条款的法律意义：是明确保险合同的当事人、关系人，确定合同权利义务的享有者和承担者；明确保险合同的履行地点，确定合同纠纷诉讼管辖。

（3）保险标的

即财产保险或人寿保险。它是保险利益的载体。将保险标的作为保险合同基本条款的法律意义是：确定保险合同的种类；明确保险人承担责任的范围及《保险法》规定的适用；判断投保人是否具有保险利益及是否存在道德风险；确定保险价值及赔偿数额；确定诉讼管辖等。

（4）保险责任和责任免除

保险责任是指保险合同中载明的保险人所承担的风险及应承担的经济赔偿或给付责任。由于保险人并不对保险标的所有风险承担责任，而仅对于投保人约定的特定风险承担责任，风险不同，保险责任也不同，因此承担风险与承担的经济赔偿责任均在保险合同中予以列明。

责任免除又称除外责任，是指保险人对风险责任的限制，明确保险人不承保的及保险人不承担赔偿责任的情况主要指传统上的责任免除及约定的责任免除条件。保险人要把责任免除事项加以明确说明，使投保人在投保时加以重视。

（5）保险期限和保险责任开始时间

保险期限是指保险人按保险合同约定为被保险人提供保险保障的有效期限。它可以按自然日期计算，如年、月、日，也可按一个运程期、一个工程期或一个生长期计算。保险责任开始时间是指保险责任期限的起点时间，往往以某年、某月、某日、某时表示。

（6）保险金额

保险金额是指保险人承担赔偿或者给付保险金的最高限额，在财产保险中，保险金额不得超过保险标的的实际价值，保险金额的确定可协商决定。在人身保险中，保险金额由双方当事人自行约定。

（7）保险费及支付办法

保险费是指投保人为取得保险保障而交付给保险人的费用。保险费包括纯保费和附加保费两部分，既是保险基金的来源，又是建立保险基金的基础。保险费的支付办法是指约定的支付时间、支付地点、支付方式。支付方式包括采用现金支付还是转账付款，一次付清还是分期付款。

（8）保险金赔偿或给付办法

保险金赔偿或给付办法即保险理赔、赔付的具体步骤与要求，是指在保险标的遭遇保险事故致使经济损失或人身保险合同约定的事故或年龄、期限到来时，被保险人依法律或约定向保险人提出赔偿或给付、保险人依法律或约定的方式、标准或数额进行理赔及向其支付保险金的方法。这是实现保险经济补偿和保障职能的最终体现。

（9）违约责任和争议处理

违约责任是指保险合同当事人因过错致使合同不能履行或者不能完全履行时，或者违反合同约定的义务而应承担的法律后果。保险合同是诚信合同,是射幸合同,因此违约责任在保险合同中的地位,比一般民事合同更为重要,必须载于合同中。

争议处理是指合同当事人对合同事项或保险责任的不同意见的处理。保险合同发生争议的应首先通过友好协商解决。协商不成时,通过仲裁、诉讼方式解决。

(10) 订立合同的时间、地点

订立保险合同的时间是指保险人投保后,在投保单上签字盖章的同时所注明的时间。保险合同的订立时间对于认定保险合同的订立日、判断保险利益的存在、保险危险的发生先后有着十分重要的意义。

保险合同还应注明约定的地点,这对争议发生的诉讼管辖、法律适用等方面有直接影响。

2) 保险合同的特约条款

《保险法》第十八条:投保人和保险人可以约定与保险有关的其他事项。

当保险合同的基本内容不能完全表达当事人双方的意愿时,当事人双方可以通过协商约定其他内容。这些称为保险合同的约定条款。

约定条款必须是保险法所允许的,不得与其他法律、法规相抵触,也不得违背最大诚信原则。

2.2.5　汽车保险合同的订立

保险合同的订立是投保人与保险人之间基于意思表示一致而作出的法律行为。保险合同的订立须经过投保人提出要求和保险人同意两个阶段,这两个阶段即合同实践中的要约与承诺。

1. 要约

要约亦称"提议",它是指当事人一方以订立合同为目的而向对方作出的意思表示。一个有效的要约应具备三个条件:

① 要约须明确表示订约愿望;

② 要约须具备合同的主要内容;

③ 要约在其有效期内对要约人具有约束力。

2. 承诺

承诺,又称"接受订约提议",是承诺人向要约人表示同意与其缔结合同的意思表示。作出承诺的人称为承诺人或受约人。承诺满足下列条件时有效:

① 承诺不能附带任何条件,是无条件的;

② 承诺须由受约人本人或其合法代理人作出;

③ 承诺须在要约的有效期内作出。

2.2.6　汽车保险合同的生效

1. 生效要件

汽车保险合同是否生效,取决于合同是否符合法律规定的签订合同的要件,包括如下:

(1) 主体资格。汽车保险合同的主体资格是指合同当事人即保险人、投保人和被保险人的资格是否合乎规定。

① 保险人资格。保险人必须是按照《保险法》规定设立的保险公司或其他保险组织,且保险人从事汽车保险业务必须经金融管理部门批准,才能开展汽车保险业务。

② 投保人资格。投保人在订立汽车保险合同时,必须对保险标的具有保险利益,必须具有完全的民事行为能力和承担交付保险费的义务,限制行为能力和无行为能力的人订立汽车保险合同无效。

③ 被保险人资格。当汽车保险事故发生时,被保险人对保险标的必须具有保险利益。

(2) 合同内容的合法性。这是指合同条款必须符合法律规定,才能确保合同的有效性。首先,作为保险标的的汽车必须是合法的,必须有交通管理部门核发的行驶证和牌号并经检验合格,不能为走私车、报废车、盗窃车等非法车辆。其次,保险金额必须合法,不能超过保险汽车本身的价值,否则,超过部分无效。

(3) 保险人和投保人的意思表示真实。在保险人和投保人的意思表示真实的基础上达到一致是汽车保险合同成立的基本条件。所谓的意思表示真实是指:

① 必须是自愿订立的汽车保险合同,除强制保险外,任何单位和个人强制他人订立的汽车保险合同,都是意思表示不真实。

② 合同当事双方必须完全履行如实告知义务。

(4) 约定的其他生效条件。保险期限、如何缴纳保险费等汽车保险合同的其他生效条件,要在签订保险合同时约定。

2. 生效时间

保险合同的成立是指投保人与保险人就保险合同条款达成协议。机动车辆保险合同采用书面形式,自双方当事人签字或盖章时合同成立。

保险合同的生效是指保险合同对当事人双方发生约束力,即合同条款产生法律效力。

保险合同的生效与成立的时间不一定一致。保险合同双方当事人可以对合同的效力约定附生效条件或附生效期限。保险合同多为附条件合同。

中国人民财产保险公司在家庭自用汽车损失保险的条款中明确规定:"投保人应当在本保险合同成立时交清保险费;保险费交清前发生的保险事故,保险人不承担赔偿责任。"平安财产保险公司、太平洋财产保险公司也规定:"除保险合同另有约定外,投保人应在保险合同成立时一次交清保险费。保险费交清前发生的保险事故,保险人不承担保险责任。"

我国保险公司普遍推行"零时起保制",把保险合同生效的时间放在合同成立日的次日零时。

2.2.7　汽车保险合同的变更

1. 汽车保险合同变更的含义

我国《保险法》明确规定："在保险合同有效期内,投保人和保险人可以协商变更合同内容。变更保险合同的,应当由保险人在保险单或者其他保险凭证上批注或者附贴批单,或者由投保人和保险人订立变更的书面协议。"

保险合同的变更是指在保险合同有效期内,投保人和保险人相互协商,在不违反有关法规、法律的情况下,变更保险合同的主体、客体和内容。

2. 汽车保险合同变更的事项

（1）汽车保险合同主体的变更

是指合同当事人或关系人的变更,主体变更不会改变合同的权利义务和客体,其变更对象主要是投保人、被保险人或受益人,而保险人一般不会变更,只有当保险人发生分立或合并时,才应变更保险人。

（2）汽车保险合同客体的变更

包括保险标的的用途、危险程度的变化、保险价值明显增加或减少等情况。

（3）汽车保险合同内容的变更

是指当事人双方权利和义务的合同条款的变更。当投保人或被保险人提出增加或减少保险费、改变保险费的支付方式、扩大或缩小保险责任范围和条件、扩大或缩小责任免除范围和条件、延长或缩短保险期限等要求时,会导致保险合同内容的变更。保险标的变更时,也往往引起保险合同内容的变更。

3. 汽车保险合同变更的程序

先由投保人或被保险人提出变更保险合同的书面申请;然后保险人审核变更请求,作出相应决定,如风险增大,需增加保险费的,投保人应按规定补缴,如风险降低,应减少保费的,保险人须退还;最后,保险人签发批单,保险合同变更生效。

根据国际惯例,手写批注的法律效力优于打字批注;打字批注的法律效力优于加贴的附加条款;加贴的附加条款的法律效力优于基本条款;旁注附加的法律效力优于正文附加。

2.2.8　汽车保险合同的解除

1. 汽车保险合同解除的含义

汽车保险合同解除,是指保险合同成立之后,有效期届满之前,保险合同当事人双方协议或一方行使合同解除权,使保险合同效力提前消灭的一种法律行为。

2. 汽车保险合同的解除的形式

1）按照保险合同解除是否协商分为：法定解除与协议解除

（1）法定解除

法定解除是法律赋予当事人的一种单方解除权。《保险法》第十五条强调："除本法另有规定或者保险合同另有约定外，保险合同成立后，投保人可以解除合同，保险人不得解除合同。"

（2）协议解除

协议解除又称约定解除，是指当事人双方经协商同意解除保险合同的一种法律行为。

2）按照保险合同解除主动方不同分为：投保人解除与保险人解除

（1）投保人解除汽车保险合同

一般情况下，投保人有随时解除保险合同的权利，可在合同生效前解除，也可在合同生效后解除。《保险法》第五十四条规定："保险责任开始前，投保人要求解除合同的，应当按照合同约定向保险人支付手续费，保险人应当退还保险费。保险责任开始后，投保人要求解除合同的，保险人将以收取的保险费，按照合同约定扣除自保险责任开始之日起至合同解除之日止应收取的部分后，退还投保人。"

例如，中国人保在其机动车辆保险条款中规定："保险责任开始前，投保人要求解除保险合同的，应当向保险人支付应缴保险费 5% 的退保手续费，保险人应当退还保险费。保险责任开始后，投保人要求解除保险合同的，自通知保险人之日起，本保险合同解除。保险人按日收取自保险责任开始之日起至合同解除之日止期间的保险费，并退还剩余部分保险费。"

（2）保险人解除汽车保险合同

保险人解除保险合同的权利一般受法律限制。《保险法》第十五条规定："除本法另有规定或者保险合同另有约定外，保险合同成立后，保险人不得解除保险合同。"但是，机动车辆保险人可以依据如下法定条件行使合同解除权：a 投保人违反如实告知义务；b 保险标的危险程度增加，未通知保险人的；c 投保人、被保险人违反合同规定，未遵守国家有关消防、安全等方面的规定，对保险标的安全不尽维护安全的责任；d 被保险人或投保人在未发生保险事故情况下以口头或书面形式谎称发生了保险事故，向保险人提出赔偿；e 投保人、被保险人故意制造保险事故。

2.2.9　汽车保险合同的终止

保险合同的终止是指保险合同双方当事人消灭保险合同确定的权利和义务的行为。导致保险合同终止的原因很多，主要有：

① 当法律规定或合同约定的事由出现时，当事人通过行使解除权使保险合同效力终止。

② 保险合同因保险期限届满而终止，又称自然终止，这是最常见的一种方式。

③ 在保险合同有效期内，保险事故发生后，保险人依合同规定履行了赔付保险金的全部责任后使合同终止，即保险合同因义务履行而终止。如保险车辆因一次事故全部损毁或

推定全损。

④ 因非保险事故引起保险标的的全部灭失而导致保险合同终止。

2.2.10 汽车保险合同的履行

1. 投保人（被保险人）义务的履行

（1）投保人应如实填写投保单并回答保险人提出的询问,履行如实告知义务。在保险期间内,被保险车辆改装、加装等,导致保险车辆危险程度增加的,应当及时书面通知保险人。否则,因保险车辆危险程度增加而发生的保险事故,保险人不承担赔偿责任。

（2）投保人必须按约定的缴费期限、保险费数额、缴纳方式履行自己的缴费义务。及时缴纳保险费是合同生效的必要条件。

（3）保险合同生效后,投保人或被保险人应当遵守国家有关消防、安全、生产操作、劳动保护等方面的规定,维护保险标的安全。如果投保人或被保险人未履行上述义务,保险人有权要求增加保险费或解除合同。

（4）发生保险事故时,被保险人应当及时采取合理的、必要的施救和保护措施,防止或者减少损失,并在保险事故发生后48小时内通知保险人。否则,造成损失无法确定或扩大的部分,保险人不承担赔偿责任。

（5）发生保险事故后,被保险人应当积极协助保险人进行现场查勘。被保险人在索赔时应当提供有关证明和资料。发生与保险赔偿有关的仲裁或者诉讼时,被保险人应当及时书面通知保险人。

（6）因第三方对保险车辆的损害而造成保险事故的,保险人自向被保险人赔偿保险金之日起,在赔偿金额范围内代位行使被保险人对第三方请求赔偿的权利,被保险人必须协助保险人向第三方追偿。

2. 保险人义务的履行

（1）订立保险合同时,说明合同内容的义务。特别是对责任免除条款必须明确说明,否则,该条款不产生效力。

（2）保险合同成立后,及时签发保险单证是保险人的法定义务。

（3）保险事故发生后,保险人应及时受理被保险人的事故报案,尽快查勘;保险人收到被保险人的索赔请求后,应当及时作出核定。

（4）承担赔偿或给付保险金是保险人最基本的义务。义务范围包括保险金、施救费用、争议处理费、检验费等。

（5）为投保人或被保险人保密的义务。

2.2.11 汽车保险合同的解释

汽车保险合同的解释是对保险合同约定条款的理解和说明。保险合同生效后,双方当事人履行各自义务、保障自身权利的前提是对保险合同有一致的理解。但在保险实践中,当事人由于种种原因对保险合同往往有不同的解释,这会直接影响双方当事人各自的权利和义务,并引发保险纠纷。所以必须规范保险合同的解释,保险合同的解释原则如下。

(1) 文义解释

文义解释是按照保险合同条款所使用文句的通常含义解释的原则,即文字的普通含义及专业术语和法律解释,是解释保险合同条款最主要的办法。

(2) 意图解释

意图解释是指当保险合同的某些条款文义不清、用词混乱或含糊,无法运用文义解释原则时,应根据双方当事人订立合同时的真实意图来进行解释。即根据合同的文字、订约的背景及客观实际情况等因素综合分析,以合理判断出合同当事人订约时的真实意图。

(3) 尊重保险惯例的解释

保险业是一个专业性极强的行业,产生了许多专业用语和行业习惯用语,这些用语为世界各国保险经营者所承认和接受。在对这些用语作解释时,应考虑其在保险合同中的特别含义,即尊重保险惯例的原则来解释保险合同。

(4) 有利于被保险人的解释

由于保险合同是格式合同,主要条款通常是由保险人制订,制订时会更多地考虑其自身利益。而投保人在订立保险合同时,对保险条款只能进行选择,即同意接受或不同意接受,却不能对其进行修改。所以,从公平合理的角度出发,当保险合同某些条款出现一词多意,应当作有利于非起草人(被保险人)的解释。这不仅是我国《合同法》和《保险法》所规定的,而且有利于保护弱势群体。

2.2.12　保险合同的争议处理

当投保人、被保险人和保险人对汽车保险合同出现了各自的解释,又无法达成妥协时,便产生了保险合同的争议。

(1) 协商

协商是在争议发生后,双方当事人在平等、互相谅解基础上对争议事项进行协商,取得共识,解决纠纷的方法。

(2) 调解

调解是指在合同管理机关或法院的参与下,通过说服教育,使双方自愿达成协议、平息争端。

(3) 仲裁

仲裁是指争议双方依仲裁协议,自愿将彼此间的争议交由双方共同信任、法律认可的仲裁机构的仲裁员居中调解,并作出裁决,一裁终局。

(4) 诉讼

这是指保险合同的一方当事人按有关法律程序,通过法院对另一方提出权益主张,并要求法院予以解决和保护的请求的处理争议的方法。

【本章小结】

汽车保险活动要遵循的基本原则包括：保险利益原则、最大诚信原则、近因原则、损失补偿原则、代位原则、分摊原则；

汽车保险合同是保险合同的一种，是投保人与保险人约定保险权利义务关系的协议；

汽车保险合同是有偿合同、射幸合同、双务合同、附和合同、最大诚信合同，同时具有属人性；

汽车保险合同的形式有投保单、暂保单、保险单、保险凭证、批单、书面协议；

汽车保险合同的基本内容包括汽车保险合同的主体、汽车保险合同的客体、汽车保险合同的内容；

汽车保险合同的订立包括要约和承诺；

汽车保险合同的生效、变更、解除、终止、履行、解释和争议处理。

【案例分析】

案例1　抵账捷达轿车出险，保险是否赔偿

济南市某设备公司于2008年7月9日向某保险公司报案称，该公司的鲁Ａ•Ｂ****号捷达轿车于2008年7月8日在江苏省南京市发生追尾事故，造成保险车辆严重损失，驾驶员受轻伤。接到报案后，保险公司立即与南京分公司取得联系，委托南京分公司代为查勘。

经核查底单，鲁Ａ•Ｂ****号捷达轿车于2007年9月13日到保险公司投保，保险期限为2007年9月14日至2008年9月13日，投保了机动车交通事故责任强制保险（以下简称"交强险"）、汽车损失保险（保额为10万元）、第三者责任保险（保额为20万元）、车上人员责任险（2万元×5人）、不计免赔特约险等险种，被保险人为济南市某设备公司，行车证车主为山东某集团公司。

2008年7月10日上午，南京分公司车险部查勘人员来电通知济南，事故车无正式牌照，只有鲁Ａ•Ｄ****号临时牌照，车架号、发动机号与保单一致，车辆损失在6万元左右。

获悉这一情况后，保险公司立即到车管所调查本案所涉及车辆和牌照的档案情况。调查得知，现在牌照为鲁Ａ•Ｂ****号的车辆为山东某集团公司所拥有的奇瑞轿车，出险的捷达轿车现临时牌照为鲁Ａ•Ｄ****号，为2008年7月6日办理的，有效期为2008年7月6日至2008年7月26日，行驶区域为山东—上海。捷达牌轿车的全部档案手续已经从济南市车管所取走。

7月11日下午，保险公司查勘人员来到济南市某设备公司，将调查情况向其进行了通报。此时，该单位主管人员道出实情：捷达轿车抵账给上海市一家企业，于2008年7月6日在济南市车管所办理过户，车辆手续已经取走，同时办理了临时牌照，准备到上海市落户，但途经江苏省南京市时，发生了追尾事故，车辆损失非常严重。该公司相关人员承认事故车辆办理了过户手续但并未通知保险公司。

基于此,保险公司对该事故损失拒赔。

案例 2　保险人不履行明确说明义务而败诉

2003 年 10 月,谢某向某汽车销售公司购买了一辆轿车,业务员季某当即代其向保险公司投保了车辆损失保险、第三者责任保险和不计免赔特约险。买车后不久,谢某驾车在高速公路上出了事故,车辆损坏严重,为此要求保险公司理赔汽车修理费、拖车费等项损失 53840 元。保险公司认为,按照保险合同约定,驾驶员驾龄未满 1 年在高速公路上出险的,保险公司不负赔偿责任(2004 年 5 月 1 日之后,该条规定已经取消)。因保险公司拒赔,谢某便一纸诉状将保险公司告上了法庭。法院审理查明,汽车销售公司业务员季某作为保险业务手续的经办人,不但没有要求谢某填写投保单,更没有向谢某告知保单中的特别约定并做出重要提示。依照《保险法》的规定,保险合同中规定有关保险人责任免除的条款,除了在保单上用醒目方式提示投保人注意外,还应向投保人阐明免责条款的概念、内容及法律后果。由于保险公司未就免责条款向谢某尽到明确说明的告知义务,该免责条款就不能对谢某发生效力。据此,谢某胜诉。

案例 3　保险公司弃权后禁止反言

某出租车公司为其公司的全部车辆投保了机动车损失险,为了获得费率优惠,向保险公司提出是否可以按照固定驾驶员的条件,确定优惠费率。同时出租车公司也承认,自己的一部分出租汽车是固定驾驶员的,另外一部分驾驶员并不固定。但保险公司的业务员认为问题不大,为了承揽到这笔生意,业务员按照全部固定驾驶员的条件确定了比较优惠的保险费率,保险公司决定承保,并为每车出具一份保单。后来一辆出租汽车更换驾驶员不久,即出现保险事故,索赔时,保险公司核赔部门发现该车未遵守固定驾驶员的合同条件,遂拒赔。引发诉讼,保险公司败诉。

案例 4　车辆挂靠,出险是否赔偿

某外资公司与保险公司签订了一份机动车辆保险单,约定:该外资公司作为投保人为该公司名下一凌志牌轿车投保,保险金额人民币 78 万元。投保人除投保车损险、第三者责任险外,还投保了盗抢险等附加险,保险期限为一年。该外资公司于当日付清了保险费。同日,胡女士与外资公司签订了一份车辆挂靠协议,约定:胡女士购入的凌志牌轿车挂靠于外资公司,若发生交通事故,保险公司赔偿款到该公司账户后,外资公司应及时退还给胡女士。同年 9 月 28 日,该车辆遭窃。次年 3 月,外资公司向保险公司书面提出索赔。次年 9 月,外资公司向胡女士出具一份权益转让证明书,言明:所投保凌志车的索赔权、受益权及诉讼权在该外资公司主体消亡后由胡女士承担等。同年 11 月,该公司因未办理当年度工商年检而被工商行政管理局吊销营业执照。于是,保险公司出具一份拒赔通知书,载明:被保险人外资公司提供的索赔单证中购车发票系伪造,保险公司据此予以拒赔。胡女士遂诉至法院。

原告胡女士诉称:其系凌志车的实际所有权人,其以某外资公司名义与被告签订一份机动车辆保险单,并缴付了保险费。该车失窃后,原告以外资公司名义向被告索赔,因被告以原告购车发票系伪造为由拒赔,故请求法院判令被告给付车辆保险金 78 万元。

被告保险公司辩称:原告不是其与外资公司所订车辆保险合同的当事人,故原、被告之间无保险法律关系。

法院审判：

一审法院认为：外资公司与保险公司签订的机动车辆保险单依法成立，具有法律效力。鉴于胡女士不是上述保险合同的一方当事人，故其持外资公司出具的权益转让证明书等向保险公司主张保险利益没有法律根据。据此，依照《民法通则》第九十一条规定判决：对胡女士要求保险公司给付车辆保险金78万元的诉讼请求不予支持。

一审判决后，胡女士不服，上诉称，外资公司将其对投保车辆的权益转让给自己，言明在外资公司主体消亡后由自己行使失窃车辆索赔权，且上诉人又是该车辆的实际所有权人，其在本案财产保险关系中的地位可参照人身保险合同有关受益人的规定，外资公司与上诉人间的权益转让不同于《民法通则》第九十一条合同权利义务的转让，故请求二审法院依法改判。

被上诉人保险公司辩称，本案所涉车辆车主系外资公司，上诉人不是合同项下的被保险人，且索赔单证中的购车发票系伪造，上诉人违反了保险法有关规定，已构成故意隐瞒事实，不履行如实告知义务。

二审法院经审理认为：外资公司和保险公司的保险合同依法有效，应受法律保护。从外资公司出具的数份证明及公安机关有关资料，可以认定胡女士为涉案车辆的实际所有人。胡女士作为具有保险利益的车辆实际所有人可以直接投保成为被保险人，亦可以经保险公司批单后变更为被保险人，且外资公司已向胡女士出具权益转让证明书，故胡女士在外资公司被吊销营业执照后，有权依据保险合同及相关事实向保险公司主张车辆保险金，且保险法对此种情况亦未有禁止性规定。至于保险公司认为胡女士故意隐瞒事实，不履行如实告知义务一节，因涉案购车发票并非购车人伪造，且在上牌照时已经车管所审核，不存在故意隐瞒事实不履行如实告知义务的行为，更不存在保险欺诈行为，故保险公司拒赔理由不成立。二审判决撤销原判，由保险公司支付胡女士车辆保险金人民币78万元。一、二审案件受理费均由保险公司负担。

参考答案

案例1分析：《保险法》第十二条规定："投保人对保险标的应当具有保险利益。投保人对保险标的不具有保险利益的，保险合同无效。"《保险法》第三十四条规定："保险标的的转让应当通知保险人，经保险人同意继续承保后，依法变更合同。"承保该车的保险公司的车辆损失保险条款也有同样规定："在保险合同有效期内，保险车辆被转卖、转让、赠予、变更用途或增加危险程度，被保险人应当事先书面通知保险人并申请办理批改手续。"所以，保险公司从"保险利益"角度对保险人进行了说明：发生事故前，被保险车辆已经办理了过户手续，被保险人济南市某设备公司对该车已经不具有保险利益，保险合同已经失效。同时，由于没有办理保险合同的变更手续，所以现在的车主又不是保险合同中的被保险人，当然没有向保险人提出索赔的权利，保险公司理应拒赔。

案例2分析：本案是由于保险人不遵循最大诚信中的告知义务导致的纠纷。目前，保险公司为开拓车险业务，往往委托汽车销售公司为客户代办机动车辆保险，但由于车商以售车为主，并不关注投保的一些必要程序，甚至利用保险公司的管理疏漏揽保，屡屡引发车主出险后与保险公司的纠纷。本案便是典型的由于保险代理人员没有履行告知义务导致的保险公司败诉案例。所以保险公司在拓展业务时不要一味注重承保数量而减少工作环节，不向客户解释合同内容，这会为日后的纠纷留下隐患。

案例 3 分析：从表面看，保险条款规定固定驾驶员费率是优惠的，既然以固定驾驶员的费率计算了保费，那么当更换了驾驶员而出现保险事故后，当然可以拒赔。实际上，保险公司在承保时已经允许了被保险人"以固定驾驶员的费率承保所有车（包括不固定驾驶员的车）"的条件，而没有拒保或者分开承保。在这里，保险公司就对自己可以主张的权利做出了弃权。而当出现保险事故时又以这样的理由拒赔，显然是一种食言，即违反了保险最大诚信原则中的弃权与禁止反言规定。所以保险公司的拒赔理由是不充分的。

案例 4 分析：本案系一起比较特殊的保险赔偿案例，其中涉及车辆挂靠、被保险人在索赔过程中被吊销营业执照、转让保险权益等法律事实，其所涉及的争议焦点有：

一、胡女士是否享有涉案车辆的索赔权。

首先，根据民法债权理论，债是按照合同的约定或依照法律的规定，在当事人之间产生的特定的权利义务关系。外资公司与保险公司之间因订立机动车辆保险单而形成了债权债务关系，因此，发生盗窃事故后，保险公司对外资公司即负有给付赔偿金的义务，也即对外资公司负有一笔金额等同于赔偿金的债务。外资公司在享有该笔债权请求权的同时，也当然享有债权的让与权，其可以把对保险公司享有的权利转让给他人，当然也包括胡女士在内。这种债权让与不损害国家利益和社会公共利益，也无损于保险公司的利益，因此是符合法律规定的。而胡女士取得受让债权后即成为新的债权人，自然享有债权人的权利，拥有了车辆的索赔权（即保险金请求权）。

其次，从保险法角度讲，胡女士是投保车辆的实际所有人，其车辆挂靠于外资公司并不影响其成为保险投保人。保险法明确规定，在保险合同有效期内，投保人和保险人经协商同意，可以由保险人在保险单或其他保险凭证上批注或附贴批单后变更保险合同内容，也即在目前投保人和被保险人均为外资公司的情况下，只需经外资公司和保险公司协商一致，由保险公司在保险单上办个手续即可将胡女士变更为投保人和被保险人，胡女士据此也能享有对涉案车辆的索赔权。

二、保险公司是否可以购车发票系假发票，胡女士未履行如实告知义务为由拒绝赔偿。

《保险法》第十六条规定："投保人故意隐瞒事实，不履行如实告知义务的，或者因过失未履行如实告知义务，足以影响保险人决定是否同意承保或者提高保险费率的，保险人有权解除保险合同。"此即所谓投保人负有的如实告知义务条款。但是，本案事实表明，胡女士或外资公司对保险公司并不存在未履行如实告知义务，更不构成保险欺诈。其理由如下：车主胡女士系在汽车交易市场购得该车，上牌等手续均由销售方代为办理。此间上海市公安局车辆管理所在对购车发票予以审核后核发了车辆牌照。由此可见，胡女士即使主观上有理由怀疑购车发票的真伪，客观上也不具备辨识发票真伪的能力。退一步讲，即便胡女士知道购车发票系伪造而未尽如实告知义务，保险公司也不必然可据此拒赔，因为《保险法》第十六条规定保险公司可以拒赔的条件是投保人故意隐瞒事实不履行如实告知义务，足以影响保险人决定是否同意承保或者提高保险费率，本案事实显然还未够此条件。综前所述，保险公司不能以发票系假发票，上诉人未履行如实告知义务为由拒绝赔偿。

【复习思考题】

1. 如何理解保险利益原则？
2. 最大诚信原则的内容是什么？
3. 如何判定事故损失的近因？
4. 什么是代位原则？包括哪些方面？
5. 保险分摊赔款的方式有哪几种？如何计算？
6. 简述汽车保险合同的概念及特征。
7. 汽车保险合同的形式都有哪些？

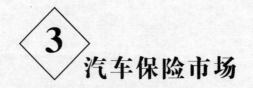

3 汽车保险市场

 导入案例

2014 年车险市场回顾

1. 车险市场增速略有回落

（1）增速略有回落。截至 2014 年 11 月，全行业实现车险保费收入 4943 亿元，同比增长 16.94%，较 2013 年下降 0.93%，增速略有下降。

（2）保费规模迈上新的数量级。继 2012 年行业车险保费收入突破 4000 亿元后，2014 年将突破 5000 亿元。

（3）车险占比继续提高。车险占非寿险保费收入的比重达到 72.96%，较 2013 年提高了 0.11%。

（4）盈利基本持平。2013 年车险行业略微亏损，预计 2014 年仍处于盈亏平衡的边缘，且将维持少数公司盈利、大部分公司亏损的格局。

出现上述经营情况的主要原因，一是汽车销量增速明显下滑。2014 年 1 月、11 月，全国汽车产销分别为 2143.05 万辆和 2107.91 万辆，同比增长 7.2% 和 6.1%，增幅比上年同期分别下降 7.1% 和 7.4%。二是车均保费提高。行业普遍加强效益险种销售力度，提高商业三者险责任限额，增加投保险种数量，在增强客户保障程度的同时，也提高了保费充足度，对发展和盈利均起到正向拉动作用。

2. 费率市场化改革稳步推进

虽然车险费率市场化改革在 2014 年未能正式实施，但改革的方向和思路已非常明确，即将选择权交给消费者，将定价权交给保险公司，建立市场化的条款费率形成机制。在条款方面，以行业示范条款为主体，以公司创新型条款为补充。在费率方面，以市场化为导向，赋予并逐步扩大保险公司费率拟定自主权。在监管方面，放开前端，管住后端，以偿付能力监管为核心，加强事中监测和事后问责。在具体实施上分步骤、渐进式进行，稳步推进。

3. 车联网概念风起云涌，渗透率提升缓慢

2014 年是车联网蓬勃发展的一年，无论是保险行业、汽车行业，还是互联网企业等第三方机构，均对车联网在车险中的应用兴趣浓厚，纷纷介入车联网领域，并开展了前所未有的跨界合作。正在推进的车险市场化改革也增强了对车联网发展前景的预期，对 UBI 保险（Usage Based Insurance——基于驾驶行为确定保费的保险）、里程保险等的讨论此起彼伏、空前热烈。

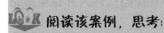

关键词：保险市场　保险机构

3.1　保险市场概述

保险市场与一般的产品市场不同。它是直接经营风险的市场，实际上保险商品的交换过程就是风险的分散和聚集过程。同时，因风险的不确定性和保险的射幸性，使得双方都不可能确切知道交易结果。保险单的签发，看似是保险交易的完成，实则是保险保障的刚刚开始，最终的交易结果是看双方约定的事件是否发生。因此保险市场是一个非即时清结的市场。

3.1.1　保险市场的含义

保险市场是指保险商品交换关系的总和，它既可以指固定的交易场所，也可以是所有实现保险商品让渡的交换关系的总和。现代保险市场已经突破了传统的有形市场的概念，即保险市场核心内容的交换关系通过确定的地理场所实现，也可以通过各种现代媒介，包括电话、互联网等实现。

3.1.2　保险市场构成要素

保险市场的构成要素如下：首先是为保险交易活动提供各类保险商品的卖方或供给方；其次是实现交易活动的各类保险商品的买方或需求方；再次就是具体的交易对象——各类保险商品。后来，保险中介方也渐渐成为构成保险市场不可或缺的因素之一。

保险市场由市场主体和市场客体两部分构成。

1. 市场主体

保险市场的主体是指保险市场交易活动的参与者，包括保险商品的供给者、需求方和充当供需双方媒介的中介方。

（1）保险商品的供给方：是指保险市场上提供各类保险产品，承担、分散和转移风险的各类保险人，包括国有保险公司、保险股份有限公司和个人保险公司。

（2）保险产品的需求方：是指保险市场上所有现实和潜在的保险商品的购买者，包括个人投保人和团体投保人、企业投保人和独立投保人、私营企业投保人和国有企业投保人等。

（3）保险市场的中介方：主要是指活动于保险人与投保人之间充当保险供需双方媒

介,把保险人和投保人联系起来并建立保险合同关系的人,主要有保险代理人和保险经纪人。保险市场的中介方还包括公证人、公估人、律师、精算师等。

2. 市场客体

保险市场的客体是指保险市场上供求双方具体交易的对象,这个交易对象就是保险商品。保险商品是一种特殊形态的商品。从经济学角度看,保险市场的客体是一种无形的服务商品,具有以下特点:①这种商品是一种无形商品;②这种商品是一种"非渴求商品";③保险商品具有灾难的联想性。

3.1.3 保险市场机制

所谓市场机制是指价值规律、供求规律和竞争规律三者之间相互制约、相互作用的关系。现代意义的市场是以市场机制为主体进行经济活动的系统和体系。市场机制的具体内容包括价值规律、供求规律和竞争规律及其相互关系。

保险市场机制是指将市场机制引用于保险经济活动中所形成的价值规律、供求规律及竞争规律之间相互制约、相互作用的关系。在市场经济条件下,保险市场的内涵实质上就是市场机制。

1. 保险市场上的价值规律

价值规律对于保险费率的自发调节只能限于凝结在费率中的附加费率部分的社会必要劳动时间,对于保险商品的价值形成方面具有一定的局限性,只能通过要求保险企业改进经营技术,提高服务效率,来降低附加费率成本。

2. 保险市场上的供求规律

保险供给是指在一定社会经济条件下,国家或从事保险经营的企业所能够提供的并已实现的保险种类和保险总量。保险供给的影响因素包括保险人的经营管理水平、保险市场竞争、保险产品成本、保险供给者的数量和素质、保险利润率等。

保险需求是指在一定时期内和一定价格条件下,消费者愿意并且有能力购买的保险商品的数量。保险需求的影响因素包括风险存在的程度、经济发展水平、保险价格、相关商品价格、商品经济的发展、人口、强制保险实施等。

保险商品的供给与需求必须遵循供求规律,最终实现供求平衡。

3. 保险市场上的竞争规律

竞争是市场经济的基本特性。保险市场是市场经济中不可缺少的一部分,在保险市场同样存在着竞争。保险市场的竞争主要表现在三个方面:一是同行业之间的竞争,竞争的焦点主要集中在保险业务的争夺和保险人才的竞争上;二是国内保险公司与外资保险公司的竞争;三是同业之间的竞争。保险业,尤其是寿险业作为金融市场长期资金的主要供给者,其所经营的保单是众多金融工具的一种,作为一种投资手段,不可避免地面临着其他金融机构和金融工具的竞争。

　　公平有序的保险竞争要求所有保险经营主体在《保险法》的规范和约束下,在公平的基础上进行竞争。公平合理的市场竞争能够促进保险业服务水平的不断提高和保险价格日趋合理;促进保险公司经营机制的转换和内部管理水平的提高,使投保人和被保险人能够得到优质的保险服务,最大限度地满足保险需求;促进保险资源的最佳配置,使保险业在良好的市场环境中健康发展,从而在整体上提高保险公司承担风险的能力。公平合理的竞争还将促进保险市场的发展和完善,增强民众的保险意识,便于客户根据保险公司的服务质量优劣、风险控制能力高低以及理赔速度的快慢自由选择和享受最好的保险服务,获得最理想的保险保障。

3.1.4　保险市场模式

1. 完全竞争模式

　　完全竞争型保险市场,是指一个保险市场上有数量众多的保险公司,任何公司都可以自由进出市场。任何一个保险人都不能够单独左右市场价格,而由保险市场自发地调节保险商品价格。在这种市场模式中,保险资本可以自由流动,价值规律和供求规律充分发挥作用。国家保险管理机构对保险企业管理相对宽松,保险行业公会在市场管理中发挥重要作用。

　　一般认为完全竞争是一种理想的保险市场模式,它能最充分、最适度、最有效地利用保险资源。因而,保险业发展较早的西方发达国家多为这一类型。

2. 完全垄断模式

　　完全垄断型保险市场,是指保险市场完全由一家保险公司所操纵,这家公司的性质既可是国营的,也可是私营的。在完全垄断的保险市场上,价值规律、供求规律和竞争规律受到极大的限制,市场上没有竞争,没有可替代产品,没有可供选择的保险人。因而,这家保险公司可凭借其垄断地位获得超额利润。

　　完全垄断模式还有两种变通形式:一种是专业型完全垄断模式;另一种是地区型完全垄断模式。

3. 垄断竞争模式

　　垄断竞争模式下的保险市场,大小保险公司并存,少数大保险公司在市场上取得垄断地位。竞争的特点表现为:同业竞争在大垄断公司之间、垄断公司与非垄断公司之间、非垄断公司彼此之间激烈展开。

4. 寡头垄断模式

　　寡头垄断型保险市场,是指在一个保险市场上,只存在少数相互竞争的保险公司。

　　在这种模式的市场中,保险业经营依然以市场为基础,但保险市场具有较高的垄断程度,保险市场上的竞争是国内保险垄断企业之间的竞争,形成相对封闭的国内保险市场。

3.1.5　汽车保险市场地位

汽车保险在保险市场中地位的认识,是指导这一业务健康发展的关键,应当明确汽车保险在保险市场,特别是在财产保险市场中的重要地位,这种重要地位体现在以下几方面:

(1) 重要地位是由汽车保险被保险人的广泛性决定的,汽车保险不再是以企业和单位为主要对象的业务,而逐步发展成为以私人为主要对象的业务,汽车保险正在成为与人们生活息息相关的一个险种。

(2) 汽车保险,尤其是第三者责任保险在稳定社会关系和维护社会公共秩序方面的特殊作用,使其不仅仅是合同双方的经济活动,而逐步成为社会法制体系的一个重要组成部分。

(3) 与其他保险不同,由于汽车保险的出险率高,保险人的理赔技术和服务将成为一个十分突出的问题,它将直接影响保险业的健康发展。

(4) 就保险市场,尤其是财产保险市场而言,汽车保险业务所占的比例已经对整个市场起到了"举足轻重"的作用,无论是从保险公司经营管理的角度,还是从监管部门对于市场的监督与管理的角度,汽车保险均具有突出的地位。

根据以上 4 个方面的分析,可以得出这样的结论:汽车保险不能简单地视为一种普通的经济合同关系,因为,它对于人们生产和生活的影响已经超出了合同双方的范围,成为一种具有一定社会意义的经济制度,因此,也就对汽车保险的经营与监管提出了更高的要求。

目前,大多数发达国家或地区的汽车保险业务在整个财产保险业务中占有十分重要的地位。美国汽车保险保费收入,占财产保险总保费的 45% 左右,占全部保费的 20% 左右。亚洲地区的日本汽车保险的保费占整个财产保险总保费的比例更是高达 58% 左右。从我国情况来看,随着积极的财政政策的实施,道路交通建设的投入越来越多,汽车保有量逐年递增。在过去的 20 年,汽车保险业务保费收入每年都以较快的速度增长。国内汽车保险业务已经成为财产保险公司的"吃饭险种"。2013 年全行业实现收益 3658.3 亿元,收益率达5.04%,比 2012 年提高 1.65%,是近 4 年最好水平。2013 年全年的保费收入也扭转了业务增速连续下滑的势头,全年实现保费收入 1.72 万亿元,同比上升 11.2%,比 2012 年提高 3.2%。

3.2　汽车保险服务体系

3.2.1　保险管理机关

随着保险业务的发展,保险对人们生产和生活的影响也不断加大,为此,加强对于保险业的监督和管理日益重要。长期以来,我国对保险业的监督和管理问题一直未能得到应有的重视。

1. 保险监督管理委员会

中国商业保险的主管机关,也是国务院直属事业单位。中国保险监督管理委员会成立于 1998 年 11 月 18 日,其基本目的是为了深化金融体制改革,进一步防范和化解金融风险,根据国务院授权履行行政管理职能,依照法律、法规统一监督和管理保险市场。

中国保险监督管理委员会的主要任务是:拟订有关商业保险的政策法规和行业规则;依法对保险企业的经营活动进行监督管理和业务指导,依法查处保险企业违法违规行为,保护被保险人的利益;维护保险市场秩序,培育和发展保险市场,完善保险市场体系,推进保险改革,促进保险企业公平竞争;建立保险业风险的评价与预警系统,防范和化解保险业风险,促进保险企业稳健经营与业务的健康发展。

中国保险监督管理委员会的成立体现了我国政府对保险监督的重视。我国保险业起步较迟,但其发展速度极快,市场潜力亦很大。1997 年全年保险费收入突破 1000 亿元人民币,比上年增长了约 40%。这一发展态势若离开配套的保险监管显然有悖于金融体制改革的初衷,而此前我国的保险业由中国人民银行通过所设保险公司实现其监管职能,这使银行与保险无法实行分业管理,使保险业在快速发展的进程中,自身的风险也在不断积累。中国保险监督管理委员会的成立,有利于排除干扰,提高保险监管的独立性与权威性,对于保险市场的良性发育及保险企业的公平竞争有着不容低估的意义。

2. 保险行业协会

但是,要确保我国保险业能够健康发展,仅仅依赖中国保监会的力量是不够的。因为,中国保监会只能就保险业的宏观和全局性的问题进行监督和管理,而且这种管理也只能通过非现场的管理实现。对于保险市场中的一些具体问题、技术问题就需要保险人自己进行协调和解决,于是,保险行业协会这种保险业的自律组织就应运而生。

中国保险行业协会成立于 2001 年 3 月 12 日,是经中国保险监督管理委员会审查同意并在国家民政部登记注册的中国保险业的全国性自律组织,是自愿结成的非营利性社会团体法人。

截至目前,中国保险行业协会共有会员 218 家,其中保险公司 145 家、保险中介机构 37 家、地方保险行业协会 36 家。中国保险行业协会的最高权力机构是会员代表大会。理事会是会员代表大会的执行机构,理事会选举产生会长、副会长、常务理事。协会实行专职会长负责制,由专职会长负责协会日常工作。协会根据工作需要聘任秘书长和副秘书长。协会通过每年度召开理事会的形式共同商讨协会的工作。协会下设财产保险工作委员会、人身保险工作委员会、保险中介工作委员会、保险营销工作委员会和公司治理专业委员会五个分支机构,各分支机构的日常工作由协会相应工作部承担。协会还通过定期召开全国地方协会秘书长联席会议,交流情况,协调工作。目前,协会日常办事机构由办公室、法律事务部、信息部、培训部四个部门组成。

这些自律组织对于规范和协调当地的保险市场起到了积极作用,其中机动车辆保险行业协会的表现尤为突出。不少地方的保险行业协会或者是机动车辆保险行业协会在协调市场行为,包括在费率的执行、保险金额的确定、机动车辆修理市场的管理等方面均起到了不可替代的积极作用。从各国的实践看,机动车辆保险行业协会是规范市场、引导和加强行业自律的一种最佳和有效的组织,应当予以提倡和支持。

机动车车辆保险行业协会具体作用如下。

(1)发挥行业自律作用

维护保险市场秩序、规范保险经营行为,建立和维护公平竞争的市场秩序是行业协会的基本职能,也是协会的首要任务。行业协会制定了自律公约,就公约内容制定出一些细则,各公司就此进行讨论,通过后将共同遵守。协会在公约基础上协助各公司自查,并将违规的现象向保险监督管理委员会报告。

但在发挥这一作用时也会遇到一些问题,例如,中国保险行业协会的章程规定,入会或退会是自由的,但又缺乏权威性的授权,因此有时行业协会就会遇到此类问题:如某公司的业务活动有违规行为,协会根据自律公约提出对其进行处罚,而该公司可能会因为处罚自行退出协会,而其他赞成对其处罚的公司则会因协会执行力度不够而宣称退会,公约也将成为一纸空文。此外,不愿意参加协会的公司将不参与自律,而协会对非会员是无法执行公约的,因此协会在制定、修改自律公约时曾涉及对非会员公司违规的处理办法。因此如何充分、正确发挥自律作用是一个值得探讨的重要课题。对于行业协会来说,有关部门给予某种授权,对树立协会的权威性固然重要,但是为会员提供优质服务,使各会员离不开协会,认同协会对业务开展的好处才是最重要的。

(2)发挥协调的作用

协调作用应包含三个方面:①行业内部的协调。要依法公正地协调、处理会员公司之间的业务纠纷和矛盾,确保会员公司之间保持良好的业务关系;②行业与公众的协调。使社会公众了解保险,不至于因为对保险,特别对具体险种不了解而导致纠纷,损坏保险形象;③行业与政府有关部门的协调。要成为行业的好喉舌,将行业的共同心愿、呼声向政府各有关部门反映,在合理的基础上,为业界争取良好的经营环境。

(3)发挥服务作用

提供信息服务,要建立和完善协会的交流制度;提供培训服务,制定符合国际保险惯例,同时制定适合我国国情的保险从业人员专业培训和考试办法,加强对高级管理人员和专业技术人员的培训,开展以提高业务水平为目的的研讨会;提供技术服务,研究防灾防损方面的技术措施,提供一般性条款的设计或审核服务等;提供对外交流服务,开展国际交流与合作,积极推动中国保险业参与国际竞争,积极参与国际保险行业组织,加强与国际保险业的交流与合作,增进国际保险业对我国保险界的了解,提高我国保险业的国际信誉,同时借鉴国际先进的保险技术和先进管理经验。

(4)发挥好监管的助手作用

协会可以协助保监会在维护保险市场秩序,监督会员公司自觉遵守国家法律、法规和政策,履行行业自律公约,规范业务活动等方面,发挥好监管的助手作用。

中国保险行业协会的成立是为适应国内保险市场发展的需要,是在深化保险体制改革、整顿保险市场秩序、防范保险风险的进程中产生的。因此,成立中国保险行业协会是建立政府监管、行业自律与保险公司内部控制三者有机结合的现代保险监管体系的重要步骤。

3.2.2 保险组织机构

目前,我国经营机动车辆保险业务的保险组织机构主要有中国人民财产保险股份有限公司、中国太平洋财产保险股份有限公司、中国平安财产保险股份有限公司、华泰财产保险股份有限公司、天安保险股份有限公司、华安财产保险股份有限公司、大众保险股份有限公司、中华联合财产保险公司、太平保险股份有限公司、永安财产保险股份有限公司、香港民安保险有限公司海口分公司以及美亚保险公司上海分公司等。

以上各公司产品服务均有所不同,下面简单介绍中国人民财产保险股份有限公司、中国太平洋财产保险股份有限公司、中国平安财产保险股份有限公司的车险业务特点。

1. 中国人民财产保险股份有限公司

中国人民财产保险股份有限公司简称人保财险(PICC),是中国最大的财产保险公司,机构网点遍布全国335个地方,拥有4529个服务机构、1万多个网点。拥有庞大的理赔网络,包括320多个理赔中心,3万多人的理赔队伍。目前人保财险仍占据着国内财产险50%左右的市场份额。

中国人保车险的主要特色服务包括:

(1)快速理赔

损失金额在10000元以下,不涉及人伤、物损的车险赔案,1小时内完成单证收集、理算、核赔工作并安排付款。

(2)免费救援

全国范围内为故障车辆免费提供拖车、送油、充电、更换轮胎等救援服务。

(3)异地出险、就地理赔

为异地出险客户提供快速、便捷的"代查勘、代定损和代赔付"服务,使客户无论身处何地,都能享受到从报案到领取赔款的全流程理赔服务。

(4)事故车托管

车辆在出险后,可将出险车辆委托保险公司处理,由中国人保公司为客户提供保险理赔、事故处理等专业的服务。

(5)一条龙"管家式"服务

提供续保提醒、生日祝福、节日问候、行车小贴士、投保法律咨询等服务,VIP客户还可享受代办年检、验证的服务。

2. 中国太平洋财产保险股份有限公司

中国太平洋财产保险股份有限公司在国内投资控股专业经营非寿险业务的中国太平洋财产保险股份有限公司和专业经营人寿险业务的中国太平洋人寿保险股份有限公司。中国太平洋财产保险股份有限公司的神行车保机动车辆保险是国内优质的品牌车辆保险。神行车保机动车保险产品在传统产品的基础上,提供更低的价格、更好的服务。

以电话车险销售号码升级为契机,太平洋保险对电话车险服务升级:在全国范围内推出五星级无限次免费道路救援服务、理赔服务全年365天无休、异地出险全国通赔、单证齐全快速赔付等一系列升级服务,并且还在多个地区实行代办年检、免费洗车、酒后代驾等多项便利私家车主的增值服务。

3. 中国平安财产保险股份有限公司

中国平安财产保险股份有限公司是中国平安保险集团的重要的子公司。而中国平安集团是中国保险企业创新的领跑者。平安财险一直遵循"专业、价值"的经营理念,不断改革创新,在国内最先按国际标准出具财务报告和精算报告;在国内同业中率先实行先进的核保核赔体系;率先引进风险控制体系;在行业内首创分险种核算管理;率先实现全国通赔车险理赔服务。

平安车险以电话车险为突破口,于 2007 年开创了中国保险官方直销的先河。连续三年增长超过 100%。并且 2009 年平安的电话车险率先实现了 1.5% 的盈利,宣告车险的电子商务模式在中国获得成功,而这一经验也迅速被全行业所借鉴。平安网上车险是国内最早能够实现网上精准报价并支持在线投保的平台,只要填写车辆信息,即可获得精准报价、市场对比价格及节省金额。依托平安综合金融集团的品牌优势,平安一账通客户加挂车险服务,登录即可查询保单、即时跟踪理赔进度、变更保单信息等,十分方便。

【举例 3-1】

问题一　如何识别保险公司的实力?

保险公司的实力考察一般是要考虑该企业经营的稳健性和对客户服务的稳定性。对于普通汽车保险的消费者而言,一般不用太担心保险公司会发生破产倒闭的情况,因为一方面保险公司按要求会提取相应的"保险保障基金";另一方面汽车保险是短期保单,消费者并没有长期风险,所以衡量一个保险公司实力的好坏,不仅要看其资本实力是否雄厚,更要看其服务水平的品质。

一般来说,主要从服务角度考查保险公司以下几个方面:

第一,市场信誉度及口碑。这里并没有提到市场知名度,因为市场知名度高并不一定市场信誉度就高。第二,服务网络是否全国化。服务网络是考核保险公司实力的一个重要因素,因为汽车是流动性风险,像人保、平安等公司都在全国各地建立服务网络,这样异地出险时,可以就地理赔(全国通赔),可以省却客户的不少麻烦。

问题二　保险公司一般都提供哪些服务?

服务一:投保时风险指导服务

投保时风险指导服务:是指为投保人提供一份保险指南,便于投保人了解机动车保险的基本情况,为方便被保险人出险后及时报案,提供可随身携带的保险证,上面载有保险公司的服务电话,可在第一时间内联系保险公司。

服务二:理赔服务

理赔服务:保险公司的最基本服务,也是客户购买汽车保险的目的,就是为了在出险后能够得到保险公司的理赔服务。

服务三:车辆相关增值服务

车辆相关增值服务:现在品质和实力较强的保险公司对客户还提供了相关的增值服务,比如人保财险的拖车救援服务、汽车抛锚代送燃油服务、汽车代驾服务等。有的保险公司还建立了汽车保险会员俱乐部,为车主提供全方位的服务。

3.2.3 保险中介机构

保险中介是指专门从事保险销售或保险理赔、业务咨询、风险管理活动安排、价值评估、损失鉴定等经营活动,并依法收取佣金或手续费的组织或个人。

保险中介是相对于直接业务的一个范畴,它是存在于保险人和投保人之间的一种市场媒介,通过这种媒介的作用能够促进保险业务的增长,推动保险业的发展。

在我国保险市场化的进程中,从社会分工的专业化和资源合理配置的角度出发,保险中介市场均有着极为广阔的前景。虽然,目前我国大量的保险业务仍然是通过直接业务的渠道获得,但是,随着保险市场的不断完善、保险公司内部改革的不断深入,这种局面将会有所改变。从发展的角度看,保险公司非常有必要将市场营销的功能剥离,由专业的保险中介组织完成,而保险公司应集中精力专注于保险产品的经营。同时,保险公司应当认识到其支付给保险中介的相关费用是其经营成本中营销成本部分,而不是额外的成本负担。

保险中介对于保险公司,甚至整个保险业而言均具有"水能载舟,亦能覆舟"的作用,即如果能够加强对于保险中介的管理,使其顺着规范、健康的轨道发展,那么,它能对保险业的发展起到积极的推动作用。反之,如果放松甚至缺乏对保险中介的管理和规范,它则可能对保险市场起到严重的负面作用,例如一些不法的保险代理人利用保险市场发展过程中出现的不规范竞争和管理的漏洞、恶意哄抬代理手续费、非法挪用侵占保险费等。

保险中介的主体形式多样,主要包括保险代理人、保险经纪人和保险公估人三种。他们在保险业发展过程中发挥着重要的作用。

1. 保险代理人

无论在国外还是在国内,保险代理人在机动车辆保险业务领域均起到了举足轻重的作用。在我国刚刚恢复保险业务的时期,在相当长的一段时间内是由车辆管理部门作为机动车辆保险的代理,随着保险市场的形成和完善,车辆管理机构已经退出了代理领域。取而代之的是以车行、汽车修理厂、车辆检测机构、金融机构为主的代理机构。

保险代理人的性质是保险人的代理人。保险代理人是根据保险人的委托,向保险人收取代理手续费,并在保险人授权的范围内办理保险业务的单位或者个人。保险代理人在保险人授权范围内进行保险代理业务的行为所产生的法律责任,由保险人承担。

保险代理人可以分为三类:专业代理人,兼业代理人和个人代理人。

(1) 专业代理人是指从事保险代理业务的保险代理公司。在保险代理人中,它是唯一具有独立法人资格的保险代理人,根据《保险代理机构管理规定》,保险代理机构可以以合伙企业、有限责任公司和股份有限公司形式设立。

(2) 兼业代理人是指受保险人委托,在从事自身业务的同时,指定专人为保险人代办保险业务的单位。根据我国《保险兼业代理管理暂行办法》规定,保险兼业代理人从事保险代理业务应遵守国家的有关法律和行政规章,遵循自愿和诚实信用原则。

(3) 个人代理人是指根据保险人的委托,向保险人收取代理手续费,并在保险人授权的范围内办理保险业务的个人。根据《保险代理人管理规定(试行)》,我国个人代理人的业务范围包括:代理销售保险单和代理收取保险费。但是,个人代理人不得办理企业财产保险业务和团体人身保险业务,不得签发保险单,任何个人不得兼职从事个人保险代理业务。

2. 保险经纪人

保险经纪人是基于投保人的利益,为投保人和保险人订立合同提供中介服务,并依法从保险人那里收取佣金的公司或个人。保险经纪人是投保人的代表。在投保人的授权范围内,经纪人的行为可以约束投保人;投保人因经纪人的过失而遭受损失,经纪人在法律上需负赔偿责任。

目前,经纪人一般较少涉足机动车辆保险业务领域,其主要原因:一是2003年以前,机动车辆保险的条款和费率均为统一和法定的,没有太多的调整余地。二是机动车辆风险管理较为规范,作为投保人的大型运输单位具有良好的风险管理经验和技术,保险经纪人在机动车辆保险领域不具有特别的优势,所以,保险经纪人较少涉足这一领域。

3. 保险公估人

在保险经营的过程中,保险公司所承保的风险是多种多样的,保险公司不可能配备门类齐全的所有专业人员,而且由保险公司自己评估和鉴定保险事故,其公正性难以使人信服。于是从事保险事故勘验、鉴定、评估的保险公估人应运而生。

所谓保险公估人,是指依法设立的独立从事保险事故评估、鉴定业务的机构和具有法定资格的从事保险事故评估、鉴定工作的专家。他们是协助保险理赔的独立第三人,接受保险公司和被保险人的委托为其提供保险事故评估、鉴定服务。

依据《保险公估机构管理规定》规定,保险公估机构可以是合伙企业、有限责任公司、股份有限公司等形式。一般分别应当具有发起人、协议或章程、出资数额、名称和住所、高级管理人员及公估人员符合规定条件(例如学历为大学本科)或具有相应资格等方面的条件要求。

由于保险公估人的评估、鉴定结果关系到保险公司和被保险人的合法利益问题,因此,《保险法》第一百二十条对此做出了明确规定:

(1)保险公司和被保险人都有权聘请独立的评估机构或者专家对保险事故进行评估和鉴定。

(2)受聘进行评估和鉴定的保险公估人可以是机构,也可以是个人;但机构必须是依法设立的独立专业机构,个人必须是具有法定资格的专家。

(3)保险公估人应当依法公正的执行业务,评估应有据,符合程序,评估报告内容必须真实、准确、完整。因故意或者过失给保险公司和被保险人造成损害的,依法承担赔偿责任。

(4)保险公估人的评估和鉴定收取费用,应当依照法律、行政法规的规定办理。即可以双方约定,但应遵守保险法和价格法、合同法和有关财产评估方面的法律、行政法规的规定。

【举例3-2】

车险非法中介的"六大黑暗手段",您了解吗?

我国的保险市场正处于发展初期,尤其是对于保险中介市场而言,虽然绝大多数保险专业代理、兼业代理都能够依法经营、坚持诚信为本,但仍有少量的不法中介利用消费者对汽车保险的知识缺乏而实施诈骗。特别是汽车保险领域,由于标的的流动性和多样性,使得这个市场更加"鱼龙混杂"。这里简单介绍一下,目前车险非法中介常用的几种黑暗手段。

"手段"1：挪用保费

现象：消费者相信个人承诺，直接向某非法中介个人递交保费。

风险指数：★★★★

分析：非法中介的个人承诺如果不予兑现，客户在后期就难以正常享受保险公司的理赔。

"手段"2：假保单

风险指数：★★★

分析：客户持有的保单是伪造的假保单，纯属无效，一旦出了事故，根本无法获得正常理赔。

"手段"3：鸳鸯单

风险指数：★★★

分析：一个保单保两个客户，即一单保两车，保单无效，客户双方无法获得正常理赔。

"手段"4：虚假承诺

现象：非法中介个人对客户承诺，即使不向品牌经销商购买保险，汽车在出险后也可到这些品牌经销商的任何维修站点进行免费维修。

风险指数：★★★★★

分析：实际上，那都是该非法中介个人对客户单方面的承诺，与这些品牌经销商并未真正达成正式协议。

"手段"5：误导客户

现象：消费者相信非法中介个人为自己选择的保险公司，进行投保。

风险指数：★★★★★

分析：由于非法中介个人都未经过专业考核、通过资质验证获得专门合格证，并在一些关键细节上误导客户，发生事故无法实现承诺。

"手段"6：弄虚作假

现象：消费者惯性思维地相信朋友或无资质的个人中介，在出险后，将汽车全权交由该人进行定损、维修、理赔，直至取到车。

风险指数：★★★★★★

分析：客户往往都不了解保险知识和程序，在没有现场监督的情况下，很容易让这些人有机可乘。

3.3 我国汽车保险市场现状

随着汽车市场的蓬勃发展，我国机动车保险业收入实现快速增长，保费收入从2001年的421亿元上升到2012年的4005亿元，年均增长22.7%。2012年我国机动车商业险收入规模达到2891亿元，其中车损险和商业第三者责任险贡献最大，两者保费收入占到我国商业车险收入的74%，其他险种相对较少。

2005年我国共有25家公司开展机动车保险业务，到2012年已经有52家公司在运营机动车保险业务，包括一批新进入的外资保险机构。我国车险市场集中度也相应下降，部分企业市场份额被新进入者稀释。

　　我国保险公司车险业务盈利能力较差,2012 年我国车险业务保费收入为 4005 亿元,车险行业获得利润约为 87.5 亿元,平均利润率仅为 2.13%。从公司运营看,披露车险业务利润数据的 45 家公司中 32 家公司车险业务亏损,亏损面达到 71%。

　　车险业务利润最高的四家公司为人保财险、平安保险、华泰联合保险和太平洋保险,利润分别为 45.16 亿元、27.7 亿元、21.8 亿元和 12.4 亿元。

　　我国机动车保险销售渠道比较丰富、主要分为直接销售渠道和间接销售渠道两种方式,直接销售渠道包括柜台销售、电话销售和网络销售,间接销售渠道包括:专业保险代理人、兼业保险代理人、保险营销员个人代理和银行及邮政代理。

　　我国机动车保险销售渠道以保险营销员个人代理和汽车销售机构及银行等兼业代理机构为主,两者合计达到我国车险销售额的 60% 左右。专业保险代理人在我国机动车保险销售市场规模比较稳定,每年份额在 10% 左右。电话渠道和网络销售渠道因为价格优势(大约比中介代理降低 15%)和操作便利,近两年获得高速发展。从发展趋势看,电话和网络销售渠道增长速度快,保险营销员和兼业代理人发展能力下降,占我国机动车保险销售市场份额也出现下滑。

3.3.1　我国汽车保险市场需求分析

　　现阶段机动车辆保险业发展势态良好,拉动我国机动车辆保险需求的因素主要包括我国经济的发展以及车险价格、汽车销量等多种因素。

1. 经济发展水平因素

　　自从改革开放以来,我国的经济发展迅速,经济总量快速增长,2014 年我国 GDP 首破 600000 亿元,达到 636463 亿元,同比增长 7.4%。2015 年 GDP 增长率预计达 7.2%,总量可突破 682288 亿元。国内经济发展形势良好,经济水平的提高,大大促进了国内机动车辆保险市场保费收入的增长。

　　经济发展的水平对于机动车辆保险的影响是多层面的。在宏观层面上来讲,社会总产值的增长促进了用于购买保险剩余产品的价值的增长,这在一定程度上刺激了保险需求的产生从而扩充了保险需求总量,进而带来车险保费收入增长。国内生产总值作为评价经济发展水平的一项重要指标,其增长幅度在理论上来说应与车险需求总量增长幅度成正比。在微观层面上来讲,家庭和个人收入受到整个经济环境的影响,经济水平发展良好,个人家庭收入也随之增高,反之亦然。收入水平又直接影响了车险产品的购买力,收入增多带来个人可支配收入增多从而消费水平随之提高,因此经济水平的发展间接影响了车险需求。

2. 保险价格的因素

　　保险价格即保险费率,经济学中需求定理指出,商品本身价格与其需求量之间是呈现反比例的关系,作为正常商品的保险产品,其需求量与价格之间也呈反比关系,即保险费率越低越会刺激保险产品需求量的增大。保险定价是保险经营的关键所在,保险产品的定价与一般商品定价不同,保险产品的定价发生在成本确定之前。对于车险而言,一张车险保单的最终成本取决于保单销售出去之后实际发生的保险财产损失率,保险公司只能依据过去的经验数据和其他信息作出预测确定车险产品价格。车险产品价格与前期财产损失率密切相关,而赔付率直接反映了损失率,故赔付率间接地反映了车险产品价格成为人们购买车险产品时需要考虑的因素之一。

车险费率下降会扩大车险需求,增加车险保费收入,这对保险公司来讲是一种降价激励。近年来,随着 2003 年全国范围内开始推行车险费率市场化后,费率市场化不断深入我国车险市场,2012 年推出的《关于加强机动车辆商业保险条款费率管理的通知》更加强化了建立以市场为导向的条款费率形成机制,保险公司作为条款费率拟定与执行的主体面临着严峻的市场考验。在扩大车险需求的同时要避免保险公司在制定车险费率过程中出现恶性竞争的情况,这需要政府与保险公司双方面的努力。在政府方面,首先应加强有效监管,出台相应法律法规来约束保险公司制定车险费率标准的同时强化车险费率的监管;另外应重视优化我国车险市场的市场结构,建立健全的车险市场准入与退出机制,市场竞争主体的完善与增多有利于转换市场竞争模式的改变,从而刺激车险需求带动车险市场发展。在保险公司方面,车险费率的下降需要经过一段滞后期,保费增长态势才会显现出来,这给予保险公司充足的时间来制定相应的营销方案,在保证保险公司偿付能力充足及稳健经营得以持续的情况下,控制成本与风险,适当的降低车险费率,刺激需求的增加。

3. 国内汽车销售量

机动车辆作为车险的保险标的,汽车的销量直接影响了车险保费收入水平,销量越高车险保费收入越高。中国加入世贸组织以来,国外的汽车企业陆续的进入中国市场,我国汽车行业的发展经历了建设、成长、高速发展三个阶段。纵观世界市场,2008 年中国汽车占据世界份额的七分之一,成为世界第二大汽车市场,直到 2009 年我国汽车销量赶超美国成为世界第一大汽车市场。从销量规模来看,2010 年汽车工业协会公布的汽车主要数据显示,全年汽车销量为 1806 万辆,2010 年以前的汽车行业的迅猛发展引发了车险的无限商机,数据显示近几年车险保费收入一直处于飙升态势。从理论上分析汽车销量是直接影响车险的需求的因素,它对车险需求的影响是不容小觑。

虽然国内汽车总销售量带动了车险保费的增加,但影响并没有想象中那么显著,并且存在一定的滞后期。这为保险公司敲响警钟,保险公司应注重与汽车经销商间的合作。首先保险公司应针对汽车经销商卖出的产品,不断创新自身的车险产品,目前车险市场的产品单一无差异化,这在一定程度上限制了车险需求的扩大,保险公司与汽车经销商的合作可以为保险公司提供更多客户及其汽车产品的信息,有利于保险公司针对不同客户群及汽车产品,创新出相应的保险产品,刺激消费者需求提高自身竞争力。其次保险公司与汽车经销商的合作,建立了一个保险公司与汽车经销商长远利益的结合;从保险公司方面来看,保险公司通过这种正规化运作能够更好地了解客户资料从而规避了一定的道德风险,另外保险公司与汽车经销商的充分沟通有利于保险公司通过协商解决经营成本过高与赔付成本居高不下等问题;从汽车经销商来看,通过提供共同服务、特色服务,有利于提升汽车经销商自身竞争力,刺激消费者购买汽车产品,扩大客户群。

4. 其他因素

拉动车险需求的因素除了上述几点以外还包括通货膨胀、消费者的风险态度、强制保险因素以及车险售后服务等方面。一方面通货膨胀导致物价上涨,车险的价格也随之上涨,这在一定程度上影响了车险的需求;另一方面通货膨胀使得实际利率下降,人们将更多的收入从银行存款转移到其他支出当中去,这无疑也对车险的需求产生一定影响。

消费者对于风险态度的不同,其保险需求也会有很大的差别,对于风险爱好者和风险中性者而言,他们不愿意支付风险保费,所以其保险需求为零,而对于风险厌恶者而言,投保后的期望效用总是大于不投保的期望效用,故会产生保险需求。交强险是我国首个由国家法律规定实行的强制保险制度,强制保险是指政府通过行政或法律手段强制规定范围内的单位和个人投保,无论个人愿意与否,都必须参加保险,交强险的实施,人为地扩大了车险需求。

车险售后服务作为一项衡量车险产品质量的重要指标,在很大程度上影响了消费者未来投保的意愿,日益成为影响保险公司竞争力的重要因素。

3.3.2   我国汽车保险现存问题分析

1. 价格大战削弱了行业盈利能力

根据市场份额和增长率的显著特点,中国提供车险服务的保险公司存在三大战略群组:

① 领导型(市场份额 8%以上):人保、太平洋、平安;
② 增长型(年增长率 100%以上):中华联合、天平、天安等;
③ 追随型(其他):华泰、东京日动上海、美亚上海等。

各类群组由于战略导向不一致,其竞争方式都有所区别。领导型企业垄断着中国车险的市场份额,企业战略主要以服务为导向;快速增长型企业由于刚进入产险市场,企业战略主要以市场份额为导向;追随型企业其业务结构以非车险为主,企业战略则主要以全面利润为导向。

由于战略群组间产品同质化严重,因此,后来者,特别是增长型的保险公司,主要以低价格为竞争手段。不仅在公司总部制定费率时有此倾向,基层机构竞争业务时更是明显,在一些保险公司,连总公司也常常不能制约基层机构的降费行为,这些基层公司为了尽快取得业绩和市场份额,常在总公司降费政策之外采用各种显性或隐性的手段进行再降费,使车险费率的实际水平一降再降,保费相对收入减少,而赔付金额却随着被保险人出险比例增加而增加,保险公司的利润明显下降。现在,领导型的企业面对新进入者大量的涌入以及非常严重的价格战,不得不大幅度地提高折扣以及对中介的佣金,否则就会不断有客户流失,损失市场份额。这些现象都严重地削弱了车险行业的盈利能力。

2. 渠道混乱增加了不必要的交易费

目前中国车险产业链结构由 5 部分主体构成,除财产保险公司和车险用户外,还包括上游的汽车制造商、金融公司,下游渠道中的专业、兼业代理其他服务提供商(保险公估、维修点等）。

提供车险的保险公司,其业务收入主要来自直属展业,约占 50％,剩下的一部分来自保险中介,包括专业分销机构和兼业分销机构。

专业分销机构为保险经纪公司和代理公司,但保险经纪公司的车险业务非常小;保险代理公司在车险业务开拓上暂不具备优势,主要还是靠与企业和政府的良好关系获取用户,但这需要较高的费用支出,而且,保险代理公司目前运营尚不规范。

兼业分销机构主要有 4S 店和维修店。4S 店的汽车保险业务增长很快,由于有大量的保源,4S 店成了各家保险公司争夺的重要渠道。正因为如此,不少 4S 店向保险公司收取高额佣金,一度高达 30％～50％。

除此以外,保险公司大多保护直属展业,补贴大量的手续费,造成保险中介不满,另一方面,又希望保险中介为其提供大单,发展业务。保险公司和中介未能形成合理的战略合作,直接造成了渠道混乱,合作和管理不力,增加了不必要的交易费。

3. 理赔漏洞大,造成赔付成本过大

长期以来,由于保险领域的竞争不够激烈,同时社会经济信用环境不良,假案骗案增多,各家保险公司在车险方面均建立了比较严格的理赔制度。但现在,保险公司为了提高被保险人的满意度,默许把宽松理赔作为一种竞争手段。但由此带来了非常明显的副作用,赔付大幅度上升,赔案的控制难度也加大,假案骗案易于得逞,而且在这种机制下,保险公司不仅要承担比原来要高得多的赔付成本,管理成本也大幅度增加。

4. 外资保险公司参与不足,贡献小

由于外资保险公司不得经营法定险,因此其经营车险业务面临先天不足。调查表明,绝大多数消费者不愿意将一份保单分成两部分,在内资保险公司投保交强险,在外资保险公司投保商业车险。因此外资保险公司对中国车险市场的参与不足。同时外资保险公司长期在国外经营车险的经验和技术优势不能纳入中国车险行业,另一方面,也造成中国车险行业竞争不充分,不科学。

在这样的背景下,要改善行业现状,提高中国车险的盈利能力,还需要多方共同努力。在价格和服务的平衡上,从消费者调研的结果来看,不管是私人用户还是企业用户,保险公司信誉、品牌以及实力是购买车险时的主要考虑因素。因此,在价格竞争受到更多约束的今天,服务水平高的公司核心竞争力最强。忙于价格战的公司难以投入精力去建设其核心竞争力,最终受害的不仅是保险公司本身,还包括广大的消费者;在渠道的发展和管理上,以市场份额为导向的财产保险公司,应当注意控制经营与管理成本,在规模扩张时,给予渠道各个环节主体合理的佣金和手续费;在业务管理水平上,保险公司应逐步把客户管理推向网络化、无纸张化,提高管理效率,降低管理成本;在理赔环节的管理上,在保障被保险人利益的前提下,严格控制,尽可能减少理赔环节中的漏洞;在提升行业协会的监管能力与作用上,应通过行业协会逐步规范执业标准,逐步提升中介机构的业务能力水平。

在引入外资保险公司竞争上,已经有了进展,外资产险公司可以经营商业车险,在交强险业务上,有外资产险公司和内资公司开展紧密合作,分享保单,各取所需,各专所长,进行优势互补。但这样的合作和开放,应该更深入些,才能切实推动中国车险市场的健康发展。

3.3.3 我国汽车保险市场发展趋势

趋势一：小排量汽车的增长所带来的利弊

随着国家政策的改变，小排量汽车的规模正在逐年上升，这对于车险行业来说既是机遇又是挑战。车险市场分析指出，机遇就是2009年实施的小排量汽车购置税减半，这样就为车险企业带来巨大的发展空间，有更多的人开始注意车险的重要性。而挑战就是农村地区的汽车增长持续上升，由于农村地区市场环境杂乱，容易出现交通事故，所以说无论从管理或者指导方面也对车险行业带来巨大的压力。

趋势二：车险行业的服务体验成为行业间的竞争因素

车险行业带给顾客的服务体验将成为客户满意的重要因素，很多投保车险的客户不再是单纯的投保一种车险，还需要企业提供一站式的服务形式。在其中包括一系列的产品服务介绍和投保车险的咨询等，这将成为行业竞争的又一关键点。企业所提供的额外服务，就成为了客户的一种附加价值，将会影响客户对于企业的总体评价。最新的车险市场分析还指出，车险的网络购销将成为一种新的发展模式，因为在当今的网络世界，电子商务已经占据了很大的市场份额。

【本章小结】

保险市场是指保险商品交换关系的总和，它既可以指固定的交易场所，也可以是所有实现保险商品让渡的交换关系的总和。

保险市场由市场主体和市场客体两部分构成。保险市场的主体是指保险市场交易活动的参与者，包括保险商品的供给者、需求方和充当供需双方媒介的中介方；保险市场的客体是指保险市场上供求双方具体交易的对象，这个交易对象就是保险商品。

保险市场机制是指将市场机制引用于保险经济活动中所形成的价值规律、供求规律及竞争规律之间相互制约、相互作用的关系。

保险管理机关包括保险监督管理委员会和保险行业协会；保险中介机构主要包括保险代理人、保险经纪人和保险公估人三种。

我国保险公司车险业务保费收入增长速度较快，但盈利能力较差。拉动我国机动车辆保险需求的因素主要包括我国经济的发展以及车险价格、汽车销量等。我国汽车保险现存盈利不足、渠道混乱、理赔漏洞大、外资参与度不强等问题。

【案例分析】

案例1 2014年中国车险市场分析

中国车险市场进入2014年以后，以车险条款费率市场化为标志的车险改革，为各家保险公司的车险经营开辟了更为广阔的空间，并赋予其更大的自由度。面对这个不平凡的时期,各家财产保险公司应该充分把握这一契机,引进国外先进的非寿险精算技术,认真考察分析中国车险市场,收集积累各种数据,制定出科学的车险条款及费率,从而改变现存车险的经营状况。

中国车险业务整体规模扩大,整体赔付增加。虽然各家保险公司的车险业务规模有升有降,但从原始数据中可以看到2013年车险业务整体规模大幅扩大。这主要是因为中国汽车保有量呈快速上升趋势,2013年末全国私人轿车拥有量已达5341万辆,比上年末增加289万辆,而且这种增长趋势在近几年将会持续。这必将使保险公司迎来车险业务一个新的增长点,各家保险公司应抓住这一契机,科学制定发展战略,将各自的车险业务做大做强。此外,原始数据也显示出10家中资保险公司的赔付均大幅增加,从而使中国保险业车险业务整体赔付增加,而且车险市场的赔付率增长速度大大高于保费收入增长速度,直接导致保险公司的赔付压力过大,支出超过预算,公司的盈利水平明显下降。其中部分原因是中国新司机数量的增长。

从分析结果来看,尽管外资保险公司对中国保险公司的整体车险业务的威胁不大,但随其进入,外资保险公司必会形成一股强大的力量,冲击中国保险公司的经营。与外资保险公司相比,中国财产保险业务结构单一,发展极为不均衡。各家保险公司应该根据自身的特点努力改善业务结构,均衡发展各项业务。

保险业是一个具有规模效应的产业,但从分析结果中可以看到,占据中国车险业务89%之多的人保、太保、平安和华泰四家大型财产保险公司车险业务经营绩效排名靠后,其应有的规模效应并没有得到充分体现。究其原因,这与保险公司车险业务的经营战略、管理理念等不无关系。由于2013年之前保险费率在中国仍主要由保险监管部门统一厘定,保险公司基本没有调整费率的自主权,因而分析结论可能暗示了一个非常危险的信号:过大的规模或市场份额往往伴随着严重的粗放型经营,即忽视风险控制。规模过大将不利于企业的集约经营。

新《中华人民共和国道路交通安全法》(简称《道路交通安全法》)正式实施以后,该法律明确了机动车第三者强制责任险的法律地位,中国机动车保险的经营环境发生了巨大的变化。它为中国的机动车保险的发展提供了更为广阔的空间,同时也带来了不可轻视的冲击。研究新《道路交通安全法》可以发现:

(1) 机动车第三者强制责任险的法律地位使得保险公司丧失了对风险标的的选择权。这就扩大了原有机动车第三者责任险承保的责任范围,将一些原本不保或者是需要特别约定才能承保的责任也纳入了保险责任范围之内。

(2) 新《道路交通安全法》第七十六条规定:"机动车发生交通事故造成人身伤亡、财产损失的,由保险公司在机动车第三者强制保险责任限额范围内予以赔偿。超过责任限额的部分,按照下列方式承担赔偿责任:①机动车之间发生交通事故的,由有过错的一方承担责任;双方都有过错的,按照各自过错的比例分担责任。②机动车与非机动车驾驶人、行人之间发生交通事故的,由机动车一方承担责任;但是,有证据证明非机动车驾驶人、行人违反道路交通安全法律、法规,机动车驾驶人已经采取必要处置措施的,减轻机动车一方的责任。交通事故的损失是由非机动车驾驶人、行人故意造成的,机动车一方不承担责任。"该条文确立了保险公司对保险事故的无过错赔偿原则,这极大地提高了机动车三者险的保险责任范围。此外,在《最高人民法院关于审理人身损害赔偿案件适用法律若干问题的解释》中,对人身损害赔偿的规定进行了一些重大修改,与过去相比,赔偿权利人的范围和适用连带责任范围都有所扩大,对于赔偿项目和赔偿力度也都有所增加。相关的法律法规造成了保险公司过高的运行成本;而赔付范围、保障责任的增大改变了原来机动车保险费费率厘定的基础,现行费率无疑难以应对急剧增加的赔偿额,保险公司面临较大的经营风险。

从目前的法规来看,2014年中国车险市场仍然是一片混乱局面,虽然新《道路交通安全法》的实施加大了保险公司的经营风险,但它也为扩大机动车保险需求带来了机遇和挑战,所以必须抓住当前的发展态势,充分利用优势不断完善中国机动车保险尤其是机动车第三者强制责任险的经营制度,使中国的机动车保险行业快速发展壮大,为人民提供更好的人身、财产安全保障,为社会的稳定和发展发挥更大的作用。

案例2 国内车险市场竞争加剧现状解析

近日,上市险企中期业绩陆续披露完毕,各家公司财险业务维持了较快增长,但是其综合成本率均出现了2%～3%的上升。中金公司分析人士表示,财险业务中的非车险业务超出预期的业绩掩盖了财险公司承保业绩显著恶化的事实和将继续恶化的趋势。"车险业务承保利润下滑、综合成本率上升或将对各财产险公司下半年的经营形成不小压力"。

车险市场乱象

乱象一:车企内部渠道间相互抢客

"我的车险马上就要到期了,最近被各家保险公司的续保电话骚扰。"市民陆小姐告诉记者,"车险在9月底到期,至少有5家保险公司的销售人员给我打过电话,主动要帮我续保。光同一家保险公司的就有5个人给我打电话,而且都说自己是总部直销,5个人报出5种不同的车险价格,让我很是迷茫"。

业内人士表示,"车险市场低迷,竞争日趋白热化,不仅各家公司之间相互抢客,就算同一家公司不同业务渠道也在抢食客户资源,一些业务员会返现或者送小礼品给客户,由此直接导致的就是节节攀升的综合成本率以及贡献率较低的承保利润"。

随着车险市场竞争加剧,不少财险公司纷纷发展新渠道,例如电销、网销等,另一方面,车险下面还纷纷设有代理渠道、车商渠道,利用车行或者代理机构出单以争取更多的业务。但多渠道齐头并进并没有开拓出更大的业务市场,反而是渠道内"暗自较劲",相互抢客。

陆小姐告诉记者:"到保险公司我才发现,自称是总部直销的5个业务员里面有3个是保险公司代理渠道的业务员,这3个人还分属于不同的代理渠道团队。"

乱象二:赠送礼品不实用还增加成本

昨日,在电话咨询车险销售人员后了解到,在电销或者代理渠道购买车险还会获得例如移动充电器、洗车券、头枕等小礼物。"这些小礼物对我们来说一点也不实用。"市民薛先生告诉记者,去年他就收到了某家险企赠送的五张洗车券,可以到指定的车行洗车,"但去年我一次洗车服务都没用上,因为每次到那家车行洗车,都会看到长长的车龙排队等待,我只好掉头就走"。车主黎小姐告诉记者,自己买了车险后收到了保险公司送的给车胎打气的一个小装备,"不过就算有了这个我也不敢自己给轮胎加气,万一没加好,换个胎可要花上几千块钱"。

业内人士表示,"尽管这些所谓的小赠品成本不高,但也给险企本身增加了成本开支"。看似华而不实的小礼物赠送给车主,一来车主不满意,二来增加了险企自身的成本,两边都

"费力不讨好"。

业内观点：险企"规模至上"盲目扩展新渠道

半年报数据显示，上市险企财险综合成本率普涨。中国太保财产保险综合成本率为97.7%，同比上升3.5%。平安产险的综合成本率为95.5%，同比增长2.4%。人保财险的综合成本率为93.6%，太平财险的综合成本率为99.5%，同比分别提升1.2%和1.5%。而车险业务的综合成本率更高，其中太平洋产险上半年车险综合成本率已达99.8%，接近盈亏临界点。

业内人士表示，"上半年财险公司综合成本率平均上涨约2%，主要是因为行业竞争激烈，导致销售成本上升，以及电销渠道占比上升后，尽管有利于降低费用率，但会导致赔付率上升"。安信证券研究分析指出，综合成本率上行部分对冲了保费收入的增长，此外由于财险投资收益同比增长了96%，因此财险上半年净利润同比也出现上涨。中金公司在研报中指出，财险承保业绩超预期主要由于非车险业务表现突出，以此掩盖了财险公司承保业绩显著恶化的事实。

"规模至上成为不少险企的驱动导向。"业内人士告诉记者，在效益及规模保费的驱动下，有企业不在乎盈亏，盲目追求市场份额。"险企一方面积极发展新渠道业务，新兴渠道保费占比不断提升，但车险折扣率也随之加大，车险的赔付率出现上升。另一方面保险公司也将业务放手给更多的保险代理中介来操作，在以客户资源为导向的车险市场，保险公司不得不向中介代理渠道支付更高的手续费用，保费规模出现了大幅提升，但是以此换来赔付率的激增和业务质量的下滑，让财产险公司在承保盈利方面将面临巨大压力。"

【复习思考题】

1. 保险市场的概念和构成要素是什么？
2. 简述汽车保险市场的地位。
3. 保险中介的主体都有哪些？它们的作用分别是什么？
4. 简述我国汽车保险市场现状。

4 汽车保险产品

> 家住上海松江区 32 岁的王先生于 2008 年购买了一辆大众斯柯达,实际驾龄只有
> 2 年。王先生是长宁区某知名公司白领,平时有人与他拼车上下班。2010 年他投保了
> 交强险、车损险和第三者责任险。一天晚上,王先生在高速路上由东向西行驶,一男子
> 跨越隔离带横穿快速路被车撞伤。经交通事故处理部门认定,该道路为封闭机动车道,
> 不允许行人横穿,机动车方无责任,该男子负事故全部责任。

阅读该案例,思考:

(1) 王先生投保险种是否合理?若不合理给出你的建议。

(2) 机动车方能否从保险公司获得男子医疗费用的保险赔偿?

关键词:交强险 商业险 基本险 附加险

4.1 机动车交通事故责任强制保险

2006 年 7 月 1 日《机动车交通事故责任强制保险》(简称《交强险》)正式实施,它标志着我国第一个以立法形式设立的机动车强制险种开始出现在机动车保险领域。与以往机动车辆保险不同,该险种为强制险种,即今后所有机动车如果上路行驶,必须投保此险种。

4.1.1 交强险发展历程

1. 汽车强制保险起源

自 1886 年发明汽车以来,交通事故导致的意外伤害和财产损失不断增加。最初将车辆损害视为社会问题,并彻底改革汽车责任保险制度、谋求对社会大众提供相当保护的是美国的马萨诸塞州。该州认为公路是为全体行人而建筑,行人中欲以车辆代步者可能对行人造成的伤害,应预先提供具有赔偿能力的证明。这种赔偿能力证明的方法即为投保责任险或依法提供保证金。马萨诸塞州根据这种理论,1925 年着手起草保险史上举世闻名的汽车强

制保险法,并于 1927 年公布实施。

新西兰于 1928 年采用美国马萨诸塞州强制保险,其后,英国于 1931 年、德国于 1939 年、法国于 1959 年相继实行第三者责任强制保险。第三者责任强制保险在当时带来了一系列的问题。由于欺诈、机器设备本身的缺陷或原因不明等情况造成的损失,都能获得赔款,随着时间的推移,于是第三者责任强制保险被保险公司逐渐否定了。

第二次世界大战后,英国采用一般侵权行为原则,以过失作为责任的基础。联邦德国则通过法律,责令汽车所有人和驾驶员负绝对责任。美国马萨诸塞州则自 1971 年 1 月 1 日在一定限额内放弃过失原则,改为无过失保险。自此以后,美国 23 个州相继仿照执行。汽车保险从任意保险到强制保险,从过失责任为基础转变为绝对责任或无过失保险,是强制保险发展过程中一大重要改进。这种改进一方面确保了汽车驾驶人于肇事后具有相当的赔偿能力,另一方面保证了受害人及时得到经济补偿,稳定了社会关系和公共秩序。

【举例 4-1】

(1) 什么是过失责任原则?

过失责任原则也称过错责任原则,它是以行为人主观上的过错为承担民事责任基本条件的认定责任准则。按照过失责任原则,行为人仅在有过错的情况下,才承担民事责任,没有过错就不承担民事责任。

过失责任原则是我国民事责任的一般原则,通过对人的过错行为追究法律责任,有利于提高公民的守法观念,保障社会稳定和经济建设的开展。

(2) 什么是无过失责任原则?

无过失责任原则也称为无过错责任原则,它是指没有过错造成他人损害的,依法律规定应由与造成损害原因有关的人承担民事责任的认定责任原则。

这一责任原则主要不是看责任人是否有过错,而是基于损害的客观存在,根据行为人的活动及所管理的人或物的危险性质,与所造成损害后果的因果关系,从而由法律规定的特别加重责任。其特点在于受害人不必证明他人因疏忽或过失而对其所遭受的损失有责任,便可以从致害人或其他途径获得损失的补偿。

2. 我国汽车交强险的发展进程

我国的汽车保险业务的发展经历了一个曲折的历程。汽车保险进入我国是在鸦片战争以后,但由于我国保险市场处于外国保险公司的垄断与控制之下,加之旧中国的工业不发达,我国的汽车保险实质上处于萌芽状态,其作用与地位十分有限。

新中国成立以后的 1950 年,创建不久的中国人民保险公司就开办了汽车保险。但是因为宣传不够和认识的偏颇,不久就出现对此项保险的争议,有人认为汽车保险以及第三者责任保险对于肇事者予以经济补偿,会导致交通事故的增加,对社会产生负面影响。于是,中国人民保险公司于 1955 年停止了汽车保险业务。直到 20 世纪 70 年代中期为了满足各国驻华使领馆等外国人拥有的汽车保险的需求,开始办理以涉外业务为主的汽车保险业务。

1980 年,我国保险业开始复苏,中国人民保险公司逐步全面恢复中断了近 25 年之久的汽车保险业务,以适应国内企业和单位对于汽车保险的需要,适应公路交通运输业迅速发展、事故日益频繁的客观需要。但当时汽车保险仅占财产保险市场份额的 2%。

随着改革开放形式的发展,社会经济和人民生活也发生了巨大的变化,机动车辆迅速普及和发展,机动车辆保险业务也随之得到了迅速发展。1983 年,汽车保险改为机动车辆保险使其具有更广泛的适应性,此后机动车辆保险在我国保险市场,尤其在财产保险市场中始终发挥着重要的作用。

在我国交强险的前身被称为第三者责任法定保险(或第三者责任强制保险),第三者责任法定保险最早以文件形式正式提出是 1984 年的国务院 27 号文。1984 年,国务院下发了《关于农民个体或联户购置机动车船和拖拉机经营运输业的若干规定》(国发[1984]27 号),要求农民个人或联户经营运输的机动车必须投保第三者责任法定保险。

2004 年 5 月 1 日我国开始执行《中华人民共和国道路交通安全法》(简称《道路交通安全法》)。《道路交通安全法》第十七条规定:国家实行机动车第三者责任保险制度,设立道路交通事故社会救助基金。具体办法由国务院规定。这实际上是以立法确定了国家对第三者责任险实行强制保险的情况。2006 年 3 月 21 日,时任国务院总理温家宝签署国务院令,正式公布了《机动车辆第三者责任强制保险条例》,并于 2006 年 7 月 1 日开始实施。2006年 6 月 28 日,中国保监会向社会公布了《机动车交通事故责任强制保险条款》。

2008 年 2 月 1 日起,我国实行新的交强险责任限额与费率方案,与新版交强险和商业三者险配套的简化理赔服务同步"上线",遇到交强险重大人伤事故可提前结案,不再需要等"漫长"结案后才拿到赔款。交强险实施重大人伤提前结案处理机制主要针对涉及人身伤亡事故,损失金额明显超过交强险医疗费用赔偿限额或死亡伤残赔偿限额的情况。也就是当人身伤亡事故赔偿医疗费用超过 1 万或死亡赔偿超过 11 万中满足其中一个条件时,消费者在提供必要证明后,保险公司 5 日内即可支付赔款。同时针对无责财产赔付的简化处理机制也在全国范围内应用。简化处理实行后,全责方将直接向其承保公司进行索赔,无责方只需要提供车牌号和交强险保单号,最终再由两家保险公司进行财务结算。

2009 年 2 月 1 日起,国内保险行业在全国范围正式实施"交强险财产损失互碰自赔处理机制"。"交强险财产损失互碰自赔处理机制"就是对事故各方均有责任,各方车辆损失均在交强险有责任财产损失赔偿限额(2000 元)以内,不涉及人员伤亡和车外财产损失的交通事故,由各保险公司在本方机动车交强险有责任财产损失赔偿限额内对本车损失进行赔付。该机制是建立在交通事故快速处理基础上的一种快速理赔方式,与 2008 年 2 月推出的"交强险财产损失无责赔付简化处理机制"、"交强险重大人伤事故提前结案处理机制"一同构成覆盖全国的交强险财产损失及人身伤亡快速理赔体系。

2012 年 3 月 30 日,《国务院关于修改〈机动车交通事故责任强制保险条例〉的决定》修改的具体内容如下:国务院关于修改《机动车交通事故责任强制保险条例》的决定:国务院决定对《机动车交通事故责任强制保险条例》作如下修改:第五条第一款修改为:"保险公司经保监会批准,可以从事机动车交通事故责任强制保险业务。"

根据中央人民政府网站公布的条例修改内容及全文,新版《机动车交通事故责任强制保险条例》只有一处修改,修改后的第五条第一款为"保险公司经保监会批准,可以从事机动车交通事故责任强制保险业务。"在 2006 年 7 月 1 日起施行的旧版条例中,允许从事交强险业务的只限于"中资保险公司"。去掉"中资"两个字,意味着中国正式向外资保险公司开放交强险市场,中国保险业进入全面开放阶段。

2012 年 12 月 17 日,国务院决定对《机动车交通事故责任强制保险条例》作如下修改:增加一条,作为第四十三条:"挂车不投保机动车交通事故责任强制保险。发生道路交通事故造成人身伤亡、财产损失的,由牵引车投保的保险公司在机动车交通事故责任强制保险责任限额范围内予以赔偿;不足的部分,由牵引车方和挂车方依照法律规定承担赔偿责任。"本决定自 2013 年 3 月 1 日起施行。

4.1.2   交强险定义及特点

1. 交强险定义

《机动车交通事故责任强制保险》(简称《交强险》),根据《机动车交通事故责任强制保险条例》第三条的规定,是指由保险公司对被保险机动车发生道路交通事故造成本车人员、被保险人以外的受害人的人身伤亡、财产损失,在责任限额内予以赔偿的强制性责任保险。

交强险的保障对象是被保险机动车致害的交通事故受害人,但不包括被保险机动车本车人员、被保险人。其保障内容包括受害人的人身伤亡和财产损失。

2. 交强险特点

交强险主要具有以下特点:

(1) 实行强制性投保和强制性承保。交强险的强制性体现在所有在中华人民共和国境内(不含港、澳、台地区)道路上行驶的机动车的所有人或管理人必须依法投保该险种。同时,具有经营交强险资格的保险公司不能拒绝承保和随意解除合同。

(2) 突出"以人为本",保障范围广。交强险将保障受害人得到及时有效的赔偿作为首要目标。除被保险人故意造成交通事故等少数几项情况外,其保险责任几乎包含了所有道路交通风险,且不设免赔率和免赔额。

(3) 坚持社会效益,实行"不赢不亏"的经营原则。保险公司经营交强险业务不以营利为目的,并实行与其他保险业务分开管理、单独核算,保监会定期核查保险公司经营交强险业务的赢亏情况,以保护广大投保人的利益;"不赢不亏"原则具体体现在保险公司在厘定交强险费率时,不加入"利润因子"。

(4) 体现"奖优罚劣",减少交通违章与事故。交强险实行统一的保险条款和基础费率。为了促进驾驶人安全驾驶,交强险实行保险费率与交通违章及交通事故挂钩的"奖优罚劣"的浮动费率机制。

总之,交强险制度的建立有利于交通事故受害人获得及时有效的经济保障和医疗救治;有利于减轻交通事故肇事方的经济负担;有利于促进道路交通安全,通过"奖优罚劣"的费率经济杠杆手段,促进驾驶人增强安全意识;有利于充分发挥保险的社会保障功能,维护社会的稳定。

4.1.3   交强险与商业三者险的区别

虽然交强险与商业三者险的保障对象都是被保险机动车致害的交通事故受害人,但不包括被保险机动车本车人员、被保险人,二者存在有以下不同之处。

（1）交强险是强制保险，而商业三者险具有自愿性。

交强险要求在中华人民共和国境内（不含港、澳、台地区）道路上行驶的机动车的所有人或管理人必须投保；同时，具有经营交强险资格的保险公司不能拒绝承保和随意解除合同。而商业三者险由投保人自愿投保，不具有强制性。

（2）交强险实行"无过错责任"赔偿原则，商业三者险实行"按责论处"赔偿原则。

投保了交强险的机动车不论在交通事故中是否有过错，只要造成了他人的人身损害或财产损失，保险公司均须在交强险的责任限额内负责赔偿。而商业三者险实行"按责论处"的赔偿原则，保险公司只根据被保险机动车在事故中的责任比例，在商业三者险的责任限额内承担赔偿责任。

（3）交强险保险责任范围比商业三者险宽泛。

交强险除被保险人故意造成交通事故等少数几项情况外，其保险责任几乎包含了所有道路交通风险，且不设免赔率和免赔额。而对商业三者险，保险公司不同程度的规定有免赔额、免赔率或责任免除事项。

（4）交强险实行分项责任限额制，且责任限额固定；而商业三者险只设定综合的责任限额，但责任限额可以分成不同的档次，由投保人自由选择。

交强险按投保车辆在交通事故中有无责任分为有责任限额和无责任限额，具体又下分为死亡伤残赔偿限额、医疗费用赔偿限额、财产损失赔偿限额。而三者责任险只设定综合的责任限额，但责任限额可以分为不同的档次，由投保人自由选择。

（5）交强险坚持"社会效益"原则，商业三者险坚持"经济利益"原则。

保险公司经营交强险坚持社会效益原则，不以营利为目的，实行总体上"不赢不亏"的原则，但实行商业化运作，兼有商业保险和社会保险的属性。而保险公司经营商业三者险坚持经济效益原则，以营利为目的，是纯粹的商业保险。

（6）交强险优先赔偿，商业三者险补充赔偿。

在投保车辆发生交通事故后，首先在交强险的责任限额内给以赔偿，超过交强险赔偿部分的由商业三者险在保险责任范围内进行赔偿。

（7）交强险保险公司垫付抢救费，商业三者险无垫付义务。

保险公司对驾驶人未取得驾驶资格或者醉酒、被保险机动车被盗抢期间肇事和被保险人故意制造事故这几种情形下，在交强险的医疗费用赔偿责任限额范围内垫付抢救费用，并有权向致害人追偿。而一般商业三者险条款均没有规定保险公司垫付抢救费用的义务，保险公司因而没有垫付的义务。

（8）交强险中第三者指除被保险机动车本车人员、被保险人以外的事故受害者，商业三者险中第三者指除被保险机动车本车人员、被保险人、投保人和保险人以外的事故受害者。

4.1.4　机动车交通事故责任强制保险主要条款

1. 制定总则

（1）根据《中华人民共和国道路交通安全法》《中华人民共和国保险法》《机动车交通事故责任强制保险条例》等法律、行政法规，制定本条款。

（2）《机动车交通事故责任强制保险》（以下简称《交强险》）合同由本条款与投保单、保险单、批单和特别约定共同组成。凡与交强险合同有关的约定，都应当采用书面形式。

（3）交强险费率实行与被保险机动车道路交通安全违法行为、交通事故记录相联系的浮动机制。

（4）签订交强险合同时，投保人应当一次支付全部保险费。保险费按照中国保险监督管理委员会（以下简称保监会）批准的交强险费率计算。

2. 交强险保险责任

在中华人民共和国境内（不含港、澳、台地区），被保险人在使用被保险机动车过程中发生交通事故，致使受害人遭受人身伤亡或者财产损失，依法应当由被保险人承担的损害赔偿责任，保险人按照交强险合同的约定对每次事故在下列赔偿限额内负责赔偿：

（1）死亡伤残赔偿限额为110000元；

（2）医疗费用赔偿限额为10000元；

（3）财产损失赔偿限额为2000元；

（4）被保险人无责任时，无责任死亡伤残赔偿限额为11000元；无责任医疗费用赔偿限额为1000元；无责任财产损失赔偿限额为100元。

3. 保险责任解释

（1）交强险合同中的被保险人是指投保人及其允许的合法驾驶人。

（2）交强险合同中的受害人是指因被保险机动车发生交通事故遭受人身伤亡或者财产损失的人，但不包括被保险机动车本车车上人员、被保险人。

（3）交强险合同中的责任限额是指被保险机动车发生交通事故，保险人对每次保险事故所有受害人的人身伤亡和财产损失所承担的最高赔偿金额。其中责任限额分为死亡伤残赔偿限额、医疗费用赔偿限额以及财产损失赔偿限额；无责任赔偿限额分为无责任死亡伤残赔偿限额、无责任医疗费用赔偿限额以及无责任财产损失赔偿限额。

（4）交强险合同中的抢救费用是指被保险机动车发生交通事故导致受害人受伤时，医疗机构对生命体征不平稳和虽然生命体征平稳但如果不采取处理措施会产生生命危险，或者导致残疾、器官功能障碍，或者导致病程明显延长的受害人，参照国务院卫生主管部门组织制定的交通事故人员创伤临床诊疗指南和国家基本医疗保险标准，采取必要的处理措施所发生的医疗费用。

（5）死亡伤残赔偿限额和无责任死亡伤残赔偿限额项下负责赔偿丧葬费、死亡补偿费、受害人亲属办理丧葬事宜支出的交通费用、残疾赔偿金、残疾辅助器具费、护理费、康复费、交通费、被抚养人生活费、住宿费、误工费，被保险人依照法院判决或者调解承担的精神损害抚慰金。

（6）医疗费用赔偿限额和无责任医疗费用赔偿限额项下负责赔偿医药费、诊疗费、住院费、住院伙食补助费，必要的、合理的后续治疗费、整容费、营养费。

4. 交强险的垫付与追偿

被保险机动车在以下（1）～（4）之一的情形下发生交通事故，造成受害人受伤需要抢救的,保险人在接到公安机关交通管理部门的书面通知和医疗机构出具的抢救费用清单后,按照国务院卫生主管部门组织制定的交通事故人员创伤临床诊疗指南和国家基本医疗保险标准进行核实。对于符合规定的抢救费用,保险人在医疗费用赔偿限额内垫付。被保险人在交通事故中无责任的,保险人在无责任医疗费用赔偿限额内垫付。对于其他损失和费用,保险人不负责垫付和赔偿。

(1) 驾驶人未取得驾驶资格的;

(2) 驾驶人醉酒的;

(3) 被保险机动车被盗抢期间肇事的;

(4) 被保险人故意制造交通事故的。

对于垫付的抢救费用,保险人有权向致害人追偿。

5. 责任免除

下列损失和费用,交强险不负责赔偿和垫付:

(1) 因受害人故意造成的交通事故的损失;

(2) 被保险人所有的财产及被保险机动车上的财产遭受的损失;

(3) 被保险机动车发生交通事故,致使受害人停业、停驶、停电、停水、停气、停产、通信或者网络中断、数据丢失、电压变化等造成的损失以及受害人财产因市场价格变动造成的贬值、修理后因价值降低造成的损失等其他各种间接损失;

(4) 因交通事故产生的仲裁或者诉讼费用以及其他相关费用。

6. 保险期间

除国家法律、行政法规另有规定外,交强险合同的保险期间为一年,以保险单载明的起止时间为准。

7. 投保人、被保险人义务

(1) 投保人投保时,应当如实填写投保单,向保险人如实告知重要事项,并提供被保险机动车的行驶证和驾驶证复印件。重要事项包括机动车的种类、厂牌型号、识别代码、号牌号码、使用性质和机动车所有人或者管理人的姓名(名称)、性别、年龄、住所、身份证或者驾驶证号码(组织机构代码)、续保前该机动车发生事故的情况以及保监会规定的其他事项。

投保人未如实告知重要事项,对保险费计算有影响的,保险人按照保单年度重新核定保险费计收。

(2) 签订交强险合同时,投保人不得在保险条款和保险费率之外,向保险人提出附加其他条件的要求。

(3) 投保人续保的,应当提供被保险机动车上一年度交强险的保险单。

(4) 在保险合同有效期内,被保险机动车因改装、加装、使用性质改变等导致危险程度增加的,被保险人应当及时通知保险人,并办理批改手续。否则,保险人按照保单年度重新核定保险费计收。

(5) 被保险机动车发生交通事故,被保险人应当及时采取合理、必要的施救和保护措施,并在事故发生后及时通知保险人。

（6）发生保险事故后,被保险人应当积极协助保险人进行现场查勘和事故调查。发生与保险赔偿有关的仲裁或者诉讼时,被保险人应当及时书面通知保险人。

8. 赔偿处理

（1）被保险机动车发生交通事故的,由被保险人向保险人申请赔偿保险金。被保险人索赔时,应当向保险人提供以下材料:

① 交强险的保险单;

② 被保险人出具的索赔申请书;

③ 被保险人和受害人的有效身份证明、被保险机动车行驶证和驾驶人的驾驶证;

④ 公安机关交通管理部门出具的事故证明,或者人民法院等机构出具的有关法律文书及其他证明;

⑤ 被保险人根据有关法律法规规定选择自行协商方式处理交通事故的,应当提供依照《交通事故处理程序规定》规定的记录交通事故情况的协议书;

⑥ 受害人财产损失程度证明、人身伤残程度证明、相关医疗证明以及有关损失清单和费用单据;

⑦ 其他与确认保险事故的性质、原因、损失程度等有关的证明和资料。

（2）保险事故发生后,保险人按照国家有关法律法规规定的赔偿范围、项目和标准以及交强险合同的约定,并根据国务院卫生主管部门组织制定的交通事故人员创伤临床诊疗指南和国家基本医疗保险标准,在交强险的责任限额内核定人身伤亡的赔偿金额。

（3）因保险事故造成受害人人身伤亡的,未经保险人书面同意,被保险人自行承诺或支付的赔偿金额,保险人在交强险责任限额内有权重新核定。

因保险事故损坏的受害人财产需要修理的,被保险人应当在修理前会同保险人检验,协商确定修理或者更换项目、方式和费用。否则,保险人在交强险责任限额内有权重新核定。

（4）被保险机动车发生涉及受害人受伤的交通事故,因抢救受害人需要保险人支付抢救费用的,保险人在接到公安机关交通管理部门的书面通知和医疗机构出具的抢救费用清单后,按照国务院卫生主管部门组织制定的交通事故人员创伤临床诊疗指南和国家基本医疗保险标准进行核实。对于符合规定的抢救费用,保险人在医疗费用赔偿限额内支付。被保险人在交通事故中无责任的,保险人在无责任医疗费用赔偿限额内支付。

9. 合同变更与终止

（1）在交强险合同有效期内,被保险机动车所有权发生转移的,投保人应当及时通知保险人,并办理交强险合同变更手续。

（2）在下列三种情况下,投保人可以要求解除交强险合同:

① 被保险机动车被依法注销登记的;

② 被保险机动车办理停驶的;

③ 被保险机动车经公安机关证实丢失的。

交强险合同解除后,投保人应当及时将保险单、保险标志交还保险人;无法交回保险标志的,应当向保险人说明情况,征得保险人同意。

（3）发生《机动车交通事故责任强制保险条例》所列明的投保人、保险人解除交强险合同的情况时,保险人按照日费率收取自保险责任开始之日起至合同解除之日止期间的保险费。

【举例 4-2】 张先生的车购买了交强险,在一起交通事故中,张先生的车将一行人撞伤。张先生因此赔偿受害人医疗费 12000 元,住院伙食补贴费 400 元,护理费 2400 元,误工费 3600 元,交通费 200 元,个人财物损失费 3000 元,总计费用 21600 元。据此,张先生向保险公司提出索赔,保险公司该如何赔偿?

案例分析:

保险公司根据交强险条款,赔付如下:医疗费、住院伙食补贴费 10000 元,死亡伤残赔偿分项 6200 元,财产损失分项 2000 元,共计 18200 元,与张先生实际赔偿金额有 3400 元差距。为什么会这样呢?医疗费、住院伙食补贴费张先生实际赔偿了 12400 元,而交强险的医疗费赔偿限额为 10000 元,所以按赔偿限额 10000 元进行赔偿,护理费、误工费、交通费共 6200 元,则在死亡伤残分项下赔付,这项分项限额为 110000 元,不超过限额则按索赔金额 6200 元进行赔付。财产损失 3000 元,超过赔偿限额 2000 元,按 2000 元赔付,共计赔付 18200 元。

这样张先生的个人赔偿就高于保险公司的赔付,如果张先生再投保了商业第三者责任保险,那么差额部分则可再得到保险公司合理赔付。

4.2 机动车商业险

自 2007 年 4 月 1 日中国保险行业协会公布了 A、B、C 三套保险行业条款,对车辆损失险、第三者责任险、车上人员责任险、盗抢险、不计免赔率特约险、玻璃单独破碎险、车身划痕损失险和可选免赔额特约险八大险种进行了统一,见图 4-1。三套方案的保障范围、费率结构、费率水平和费率调整系数基本一致,各中资保险公司可以自行选择其中一套,针对市场情况与公司自身特点增加自身特色的附加险种,投保人对保险公司提供的保险产品可选择投保。目前人保、大地等保险公司选择 A 款,平安、华安等保险公司选择 B 款,太保等保险公司选择 C 款,本教材中主要将以平安保险公司上海分公司选用的 B 款保险条款中的八大险种为例对机动车商业保险予以详细介绍,若无特别说明,条款均为 B 款。

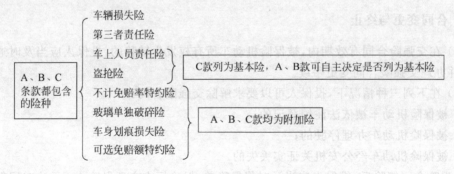

图 4-1　A、B、C 条款都有的八大险种

4.2.1　车辆损失险

1. 车辆损失险概述

车辆损失险(简称车损险),是保险人对于被保险人投保的汽车,因保险责任范围内的事故所致的损毁灭失予以赔偿的保险。

A、B、C 三套保险条款均将车辆损失险定为商业基本险。A 款特别将车损险细分为家庭自用汽车损失保险、非营业用汽车损失保险、营业用汽车损失保险等三个条款,这三个条款的内容大致相同,但也有不同之处,主要表现为保险标的、保险责任和免除责任及保险费等方面有细微的差别。同时,A 款中还特别设置了特种车保险条款。A、B、C 三款新车险还专门设置了摩托车、拖拉机保险条款。

A、B、C 三套保险条款中的车损险一般对由碰撞、倾覆、坠落、火灾、爆炸、外界物体坠落、倒塌等意外事故和暴风、龙卷风、雷击、雹灾、暴雨、洪水、海啸等自然灾害引起的车辆损失及发生保险事故时被保险人或其允许的合格驾驶员对车辆采取施救、保护措施所付出的合理费用负责赔偿。但对于一些特殊的风险,保险公司是要免赔的,譬如地震、战争、军事冲突、自然磨损、朽蚀、腐蚀、故障、车轮单独破坏、竞赛、测试、在营业性维修场所修理、利用保险车辆从事违法活动、驾驶人员饮酒、吸食或注射毒品后使用保险车辆、保险车辆肇事逃逸等特殊风险。

2. 车损险保险责任

(1) 在保险期间内,被保险人或其允许的合法驾驶人在使用保险车辆过程中,因下列原因造成保险车辆的损失,保险人按照本保险合同的规定负责赔偿:

① 碰撞、倾覆;

② 火灾、爆炸,按照保险合同约定为非营运企业或机关车辆的自燃;

③ 外界物体倒塌或坠落、保险车辆行驶中平行坠落;

④ 雷击、暴风、龙卷风、暴雨、洪水、海啸、地陷、冰陷、崖崩、雪崩、雹灾、泥石流、滑坡;

⑤ 载运保险车辆的渡船遭受本条第④项所列自然灾害(只限于有驾驶人随船照料者)。

(2) 发生第一条规定的保险事故后,被保险人为减少保险车辆的损失所支付的必要的、合理的施救费用,保险人按照本合同规定负责赔偿,最高赔偿金额以保险金额为限。

3. 车损险的责任免除

(1) 下列原因造成的损失,保险人不负责赔偿:

① 地震及其次生灾害;

② 战争、军事冲突、恐怖活动、暴乱、扣押、罚没、查封、政府征用;

③ 核反应、核污染、核辐射;

④ 本车所载货物的撞击、腐蚀;

⑤ 自燃(按保险合同约定为非营运企业或机关车辆不受此限)及不明原因火灾;

⑥ 按保险合同约定为非营运企业或机关车辆的自燃仅造成电器、线路、油路、供油系

统、供气系统的损失；

⑦ 人工直接供油、高温烘烤；

⑧ 违反法律法规中有关机动车辆装载的规定；

⑨ 被保险人或驾驶人故意导致事故发生的行为。

（2）发生意外事故时，保险车辆有以下情形之一的，保险人不负赔偿责任：

① 除非另有约定，发生保险事故时无公安机关交通管理部门核发的合法有效的行驶证、号牌，或临时号牌或临时移动证；

② 未在规定检验期限内进行机动车安全技术检验或检验未通过；

③ 保险车辆在竞赛、检测、修理、养护，被扣押、征用、没收期间；

④ 保险车辆转让他人，被保险人、受让人未履行本保险合同中规定的通知义务的，因转让导致保险车辆危险程度显著增加而发生保险事故。

（3）发生意外事故时，驾驶人有以下情形之一的，保险人不负赔偿责任：

① 未依法取得驾驶证、持未按规定审验的驾驶证、驾驶与驾驶证载明的准驾车型不符的机动车的；

② 驾驶人在驾驶证丢失、损毁、超过有效期或被依法扣留、暂扣期间或记分达到12分，仍驾驶机动车的；

③ 学习驾驶时无教练员随车指导的；

④ 实习期内驾驶公共汽车、营运客车或执行任务的警车、消防车、救护车、工程救险车以及载有爆炸物品、易燃易爆化学物品、剧毒或者放射性等危险物品的机动车的，或驾驶机动车牵引挂车的；

⑤ 饮酒或服用国家管制的精神药品或麻醉药品的；

⑥ 未经被保险人同意或允许而驾车的；

⑦ 利用保险车辆从事犯罪活动；

⑧ 事故发生后，被保险人或驾驶人在未依法采取措施的情况下驾驶保险车辆或者遗弃保险车辆逃离事故现场，或故意破坏、伪造现场、毁灭证据的；

⑨ 使用各种专用机械车、特种车的人员无国家有关部门核发的有效操作证，驾驶营运客车的驾驶人无国家有关部门核发的有效资格证书；

⑩ 依照法律法规或公安机关交通管理部门有关规定不允许驾驶保险车辆的其他情况下驾车。

（4）下列损失和费用，保险人不负责赔偿：

① 保险车辆的自然磨损、朽蚀、电气机械故障；

② 倒车镜单独损坏、车灯单独损坏、玻璃（不包括天窗玻璃）单独破碎、车身表面油漆单独划伤、车轮（包括轮胎及轮毂）单独损坏；

③ 保险车辆因遭水淹或因涉水行驶致使发动机损坏；

④ 保险车辆全车被盗窃、抢劫、抢夺，以及在全车被盗窃、抢劫、抢夺期间或由于被盗窃、抢劫、抢夺未遂受到损坏或车上零部件、附属设备丢失；

⑤ 遭受保险责任范围内的损失后，未经必要修理继续使用，致使损失扩大的部分；

⑥ 新车车辆出厂时的原厂配置以外新增设备的损失；

⑦ 市场价格变动造成的贬值、修理后因价值降低引起的损失；

⑧ 被保险人因保险车辆不能使用所遭受的损失以及发生的费用;

⑨ 因污染引起的损失或费用;

⑩ 停车费、保管费、扣车费及各种罚款;

⑪ 保险车辆的损失中应当由交强险赔偿的部分;

⑫ 保险单约定的免赔额以及根据保险单约定的免赔率计算的被保险人应当自行承担的损失部分。

(5) 其他不属于保险责任范围内的损失和费用,保险人不负责赔偿。

4. 车损险的赔偿处理

(1) 被保险人向保险人申请赔付时,应当向保险人提供:

① 保险单;

② 被保险人的有效身份证明、保险车辆行驶证、驾驶人驾驶证;

③ 公安机关交通管理部门出具的交通事故责任认定书或法院等机构出具的有关法律文书及其他证明、通过交强险获得赔偿金额的证明材料;

④ 被保险人根据有关法律法规规定选择自行协商方式处理交通事故的,应当提供依照《交通事故处理程序规定》规定的记录交通事故情况的协议书;

⑤ 应当由第三者负责赔偿但确实无法找到第三者的,在道路发生的事故,应提供公安机关交通管理部门认定并出具的证明;在其他场所发生的事故,应提供当地公安机关出具的证明;

⑥ 其他能够确认保险事故的性质、原因、损失程度等有关的证明和资料。

(2) 保险车辆发生道路交通事故,保险人根据驾驶人在交通事故中所负事故责任比例相应承担赔偿责任。

被保险人或保险车辆驾驶人根据有关法律法规规定选择自行协商或由公安机关交通管理部门处理事故未确定事故责任比例的,按照下列规定确定事故责任比例:

保险车辆方负全部事故责任的,事故责任比例不超过 100%;

保险车辆方负主要事故责任的,事故责任比例不超过 70%;

保险车辆方负同等事故责任的,事故责任比例不超过 50%;

保险车辆方负次要事故责任的,事故责任比例不超过 30%。

(3) 根据驾驶人在交通事故中所负事故责任比例,车辆损失及施救费用实行相应的事故责任免赔率:

保险车辆驾驶人负全部责任的,事故责任免赔率为 15%;

负主要责任的,事故责任免赔率为 10%;

负同等责任的,事故责任免赔率为 8%;

负次要责任的,事故责任免赔率为 5%;

单方肇事事故的,事故责任免赔率为 15%。

(4) 发生保险事故时,应当由第三者负责赔偿且确实无法找到第三者的,实行 30% 的绝对免赔率。

(5) 发生保险事故时,保险车辆违反法律法规中有关机动车辆装载规定,但违规装载并非保险事故发生原因的,增加 10% 的绝对免赔率。

（6）发生保险事故时，保险车辆实际行驶区域超出保险单约定范围的，增加10％的绝对免赔率。

（7）本保险在实行事故责任免赔率和绝对免赔率的基础上增加每次事故绝对免赔额，绝对免赔额在保险合同中列明。保险合同可约定绝对免赔额为零。

（8）发生保险事故造成保险车辆损坏的，应当尽量修复。修理前被保险人须会同保险人检验，协商确定修理或者更换项目、方式和费用。否则，保险人有权重新核定，因被保险人原因导致损失无法确定的部分，保险人不承担赔偿责任。

5. 车损险期限与终止

除另有约定外，保险期限为一年，以保险单载明的起讫时间为准。

下列情况下，保险人支付赔款后，本合同自动终止，保险人不退还车辆损失险及其附加险的保险费：

（1）保险车辆在车辆损失险保险责任下发生全部损失；

（2）保险人按车辆损失险保险责任承担的一次赔款金额与免赔金额之和（不含施救费）大于或等于保险金额的。

4.2.2 机动车第三者责任险

1. 机动车第三者责任险概述

《机动车第三者责任险》（简称《三者险》）是指车辆因意外事故致使第三者人身伤亡或财产受损，保险人对于超过交强险各分项赔偿限额以上部分予以赔偿的保险。

目前A、B、C三套保险条款在三者险赔偿限额的区间上是一致的，分为5万、10万、15万、20万、30万、50万、100万及100万以上8档，客户可以任意选择一档。但选择赔偿限额并非越高越好，因为要考虑性价比的问题（即保障限额和保费之间的最合理程度）。考虑到三者险是交强险的一个补充，所以对我国一般城市，赔偿限额为15万元或20万元性价比较高。

2. 三者险的保险责任

在保险期间内，被保险人或其允许的合法驾驶人在使用保险车辆过程中发生意外事故，致使第三者遭受人身伤亡和财产的直接损毁，依法应由被保险人承担的经济赔偿责任，保险人对于超过交强险各分项赔偿限额以上的部分予以赔偿。

其中第三者是指因被保险机动车发生意外事故遭受人身伤亡或财产损失的人，但不包括被保险机动车本车上人员、投保人、被保险人、保险人以及被保险人或驾驶人的家庭成员。

3. 三者险的责任免除

（1）下列原因导致的意外事故，保险人不负责赔偿。

① 地震及其次生灾害；

② 战争、军事冲突、恐怖活动、暴乱、扣押、罚没、查封、政府征用；

③ 核反应、核污染、核辐射;

④ 受害人与被保险人或驾驶人恶意串通;

⑤ 被保险人、驾驶人或受害人故意导致事故发生的。

(2) 发生意外事故时,保险车辆有以下情形之一的,保险人不负赔偿责任。

① 除非另有约定,发生保险事故时无公安机关交通管理部门核发的合法有效的行驶证、号牌,或临时号牌或临时移动证;

② 未在规定检验期限内进行机动车安全技术检验或检验未通过;

③ 保险车辆在竞赛、检测、修理、养护,被扣押、征用、没收,全车被盗窃、抢劫、抢夺期间;

④ 牵引其他未投保交强险的车辆或被该类车辆牵引;

⑤ 保险车辆转让他人,被保险人、受让人未履行转让通知义务的,因转让导致保险车辆危险程度显著增加而发生保险事故。

(3) 发生意外事故时,驾驶人有以下情形之一的,保险人不负赔偿责任。

① 未依法取得驾驶证、持未按规定审验的驾驶证、驾驶与驾驶证载明的准驾车型不符的机动车的;

② 驾驶人在驾驶证丢失、损毁、超过有效期或被依法扣留、暂扣期间或记分达到12分,仍驾驶机动车的;

③ 学习驾驶时无教练员随车指导的;

④ 实习期内驾驶公共汽车、营运客车或执行任务的警车、消防车、救护车、工程救险车以及载有爆炸物品、易燃易爆化学物品、剧毒或者放射性等危险物品的机动车的,或驾驶机动车牵引挂车的;

⑤ 饮酒或服用国家管制的精神药品或麻醉药品的;

⑥ 未经被保险人同意或允许而驾车的;

⑦ 利用保险车辆从事犯罪活动的;

⑧ 事故发生后,被保险人或驾驶人在未依法采取措施的情况下驾驶保险车辆或者遗弃保险车辆逃离事故现场,或故意破坏、伪造现场、毁灭证据的;

⑨ 使用各种专用机械车、特种车的人员无国家有关部门核发的有效操作证,驾驶营运客车的驾驶人无国家有关部门核发的有效资格证书;

⑩ 依照法律法规或公安机关交通管理部门有关规定不允许驾驶保险车辆的其他情况下驾车。

(4) 下列损失和费用,保险人不负责赔偿。

① 被保险人或驾驶人以及他们的家庭成员的人身伤亡及其所有或保管的财产的损失;

② 车上人员的人身伤亡或本车上的财产损失;

③ 保险车辆发生事故致使第三者停业、停驶、停电、停水、停气、停产、通信或网络中断、数据丢失、电压变化造成的损失以及其他各种间接损失;

④ 车载货物掉落、泄漏、腐蚀造成的任何损失和费用;

⑤ 因污染引起的损失和费用;

⑥ 第三者财产因市场价格变动造成的贬值、修理后因价值降低造成的损失;

⑦ 停车费、保管费、扣车费及各种罚款;

⑧ 保险事故引起的任何有关精神损害赔偿;

⑨ 根据保险单约定的免赔率计算的被保险人应当自行承担的部分。

(5) 应当由交强险赔偿的损失和费用,保险人不负责赔偿。

保险车辆未投保交强险或交强险合同已经失效的,对于交强险责任限额以内的损失和费用,保险人不负责赔偿。

(6) 其他不属于保险责任范围内的损失和费用,保险人不负责赔偿。

4. 三者险的赔偿处理

(1) 被保险人索赔时,应当向保险人提供:

① 保险单;

② 被保险人和第三者的有效身份证明、保险车辆行驶证、驾驶人驾驶证;

③ 公安机关交通管理部门出具的交通事故责任认定书或法院等机构出具的有关法律文书及其他证明;

④ 第三者财产损失程度证明或人身伤残程度证明以及有关损失清单和费用单据;

⑤ 被保险人根据有关法律法规规定选择自行协商方式处理交通事故的,应当提供依照《交通事故处理程序规定》规定的记录交通事故情况的协议书;

⑥ 其他能够确认保险事故的性质、原因、损失程度等有关的证明和资料。

(2) 保险人对被保险人给第三者造成的损害,可以依照法律的规定或者合同的约定,直接向该第三者赔偿保险金。

被保险人给第三者造成损害,被保险人对第三者应负的赔偿责任确定的,根据被保险人的请求,保险人应当直接向该第三者赔偿保险金。被保险人怠于请求的,第三者有权就其应获赔偿部分直接向保险人请求赔偿保险金。

被保险人给第三者造成损害,被保险人未向该第三者赔偿的,保险人不得向被保险人赔偿保险金。

(3) 保险车辆发生道路交通事故,保险人根据驾驶人在交通事故中所负事故责任比例相应承担赔偿责任。

被保险人或保险车辆驾驶人根据有关法律法规规定选择自行协商或由公安机关交通管理部门处理事故未确定事故责任比例的,按照下列规定确定事故责任比例:

保险车辆方负全部事故责任的,事故责任比例不超过 100%;

保险车辆方负主要事故责任的,事故责任比例不超过 70%;

保险车辆方负同等事故责任的,事故责任比例不超过 50%;

保险车辆方负次要事故责任的,事故责任比例不超过 30%;

保险车辆方无事故责任的,保险人不承担赔偿责任。

(4) 根据驾驶人在事故中所负事故责任比例,本保险实行相应的事故责任免赔率:

保险车辆驾驶人负全部责任的,事故责任免赔率 20%;

负主要责任的,事故责任免赔率 15%;

负同等责任的,事故责任免赔率 10%;

负次要责任的,事故责任免赔率 5%。

（5）发生保险事故时，违反法律法规中有关机动车辆装载规定的，实行10%的绝对免赔率。

（6）发生保险事故时，保险车辆实际行驶区域超出保险单约定范围的，增加10%的绝对免赔率。

（7）投保人在投保时可指定驾驶人或不指定驾驶人，并执行相应的费率。

指定驾驶人的，投保人应如实告知指定驾驶人的相关信息，包括驾驶人姓名、性别、年龄、准驾车型、初次领取驾驶证时间、身份证或其他有效证件号码等。

指定驾驶人的保险车辆，由非指定驾驶人驾驶保险车辆发生保险事故，或投保人提供的指定驾驶人的信息不真实的，赔偿时增加10%的绝对免赔率。

（8）因保险事故造成第三者财产损失的，应当尽量修复。修理前被保险人须会同保险人检验，协商确定修理或者更换项目、方式和费用。否则，保险人有权重新核定，因被保险人原因导致损失无法确定的部分，保险人不承担赔偿责任。

（9）未经保险人书面同意，被保险人自行承诺或支付的赔偿金额，保险人有权重新核定。不属于保险人赔偿范围或超出保险人应赔偿金额的，保险人不承担赔偿责任。

（10）因保险事故造成第三者财产损失的，对于损失后的残余部分，由保险人与被保险人协商处理。如折归被保险人，由双方协商确定其价值，并在赔款中扣除。

（11）主车和挂车连接使用时视为一体。发生保险事故时，挂车引起的赔偿责任视同主车引起的赔偿责任。保险人对挂车赔偿责任与主车赔偿责任所负赔偿金额之和，以主车赔偿限额为限。

主车、挂车在不同保险公司投保的，保险人按照保险单上载明的商业第三者责任保险赔偿限额比例分摊赔款。

5. 三者险的期限

除另有约定外，保险期限为一年，以保险单载明的起讫时间为准。

与车损险不同的是：三者险在被保险人获得赔偿后，保险合同继续有效，直至保险期间届满。

【举例4-3】　近日，林先生在车库倒车时，没留意到先行下车的妻子正好从车后面穿过，林先生刹车不及将自己的妻子撞倒。林先生之前已向保险公司投保了保额为10万元的第三者责任险，在将妻子送往医院后，就向保险公司报了案。没想到，林先生的索赔申请却遭到了保险公司的拒绝，理由是林先生开车误撞的是自己的家人，不在第三者责任险范围内。

案例分析：

林先生的遭遇，是所有的车主、驾驶员们都可能遇到的问题。对于保险公司的拒赔，几乎所有的车主们都感到十分意外，认为保险公司这样做是不合理的。但是在三者险的免除责任中一条规定"下列损失和费用，保险人不负责赔偿：被保险人或驾驶人以及他们的家庭成员的人身伤亡及其所有或保管的财产的损失"，林先生为被保险人，而林先生的妻子为被保险人的家庭成员，所以保险公司不应该对此赔偿。这样规定是为了防止被保险人为获得额外利益而不择手段。

4.2.3 车上人员责任险

1. 车上人员责任险概述

车上人员责任险指保险期间内,被保险人或其允许的合法驾驶员在使用被保险机动车过程中发生意外事故,致使车上人员遭受人身伤亡,依法应当由被保险人承担的损害赔偿责任,保险人依照合同的约定负责赔偿。

A、B、C 款对车上人员责任险的规定略有差异,选用 C 款的保险公司将车上责任险列为商业基本险,而选用 A 或 B 款保险公司可自主决定是否将车上人员责任险列为商业基本险,若保险公司将该险列为附加险,必须在投保三者险后方可投保。平安保险公司上海分公司将车上人员责任险列为商业基本险。

一般而言,私家车不建议购买车上人员责任险,因为私家车上的乘客大多是自己家庭的成员;另外人身意外险的性价比要比车上人员责任险的性价比高几十倍,10 元可保 1 万元且 24 小时覆盖,所以不如去买"司乘人员意外险"或"人身意外伤害险"。商务车或经常有人搭顺风车的车辆最好购买车上人员责任险,因为车上的乘客不一定购买了人身意外伤害险。

2. 车上人员责任险的保险责任

在保险期间内,被保险人及其允许的合法驾驶人在使用保险车辆过程中发生意外事故,致使保险车辆车上人员遭受人身伤亡,对依法应由被保险人承担的经济赔偿责任,保险人按照保险合同的规定负责赔偿。

3. 车上人员责任险的责任免除

(1) 下列原因导致的意外事故,保险人不负责赔偿:

① 地震及其次生灾害;

② 战争、军事冲突、恐怖活动、暴乱、扣押、罚没、查封、政府征用;

③ 核反应、核污染、核辐射;

④ 受害人与被保险人或驾驶人恶意串通。

(2) 发生意外事故时,保险车辆有以下情形之一的,保险人不负赔偿责任:

① 除非另有约定,发生保险事故时无公安机关交通管理部门核发的合法有效的行驶证、号牌,或临时号牌或临时移动证;

② 未在规定检验期限内进行机动车安全技术检验或检验未通过;

③ 保险车辆在竞赛、检测、修理、养护,被扣押、征用、没收,全车被盗窃、抢劫、抢夺期间;

④ 保险车辆转让他人,被保险人、受让人未履行通知义务的,因转让导致保险车辆危险程度显著增加而发生保险事故。

(3) 发生意外事故时,驾驶人有以下情形之一的,保险人不负赔偿责任:

① 未依法取得驾驶证、持未按规定审验的驾驶证、驾驶与驾驶证载明的准驾车型不符的机动车的;

② 驾驶人在驾驶证丢失、损毁、超过有效期或被依法扣留、暂扣期间或记分达到 12 分，仍驾驶机动车的；

③ 学习驾驶时无教练员随车指导的；

④ 实习期内驾驶公共汽车、营运客车或执行任务的警车、消防车、救护车、工程救险车以及载有爆炸物品、易燃易爆化学物品、剧毒或者放射性等危险物品的机动车的，或驾驶机动车牵引挂车的；

⑤ 饮酒或服用国家管制的精神药品或麻醉药品的；

⑥ 未经被保险人同意或允许而驾车的；

⑦ 利用保险车辆从事犯罪活动；

⑧ 事故发生后，被保险人或驾驶人在未依法采取措施的情况下驾驶保险车辆或者遗弃保险车辆逃离事故现场，或故意破坏、伪造现场、毁灭证据的；

⑨ 使用各种专用机械车、特种车的人员无国家有关部门核发的有效操作证，驾驶营运客车的驾驶人无国家有关部门核发的有效资格证书；

⑩ 依照法律法规或公安机关交通管理部门有关规定不允许驾驶保险车辆的其他情况下驾车。

（4）下列损失，保险人不负责赔偿：

① 因违章搭乘造成的人身伤亡；

② 被保险人或驾驶人的故意行为造成的人身伤亡；

③ 被保险人及驾驶人以外的其他车上人员的故意行为造成的自身伤亡；

④ 本车上的人员因疾病、分娩、自残、殴斗、自杀、犯罪行为所致的自身伤亡；

⑤ 车上人员在车下时所受的人身伤亡；

⑥ 保险车辆被抢夺、抢劫过程中造成的人身伤亡；

⑦ 保险事故引起的任何有关精神损害赔偿；

⑧ 应当由交强险赔偿的损失和费用；

⑨ 根据保险单约定的免赔率计算的被保险人应当自行承担的部分。

（5）其他不属于保险责任范围内的损失和费用，保险人不负责赔偿。

4. 车上人员责任险的赔偿处理

（1）被保险人索赔时，应当向保险人提供：

① 保险单；

② 被保险人和车上人员的有效身份证明、保险车辆行驶证、驾驶人驾驶证；

③ 公安机关交通管理部门出具的交通事故责任认定书或法院等机构出具的有关法律文书及其他证明；

④ 车上人员人身伤残程度证明以及有关费用单据；

⑤ 其他能够确认保险事故的性质、原因、损失程度等有关的证明和资料。

（2）保险车辆发生道路交通事故，保险人根据驾驶人在交通事故中所负事故责任比例相应承担赔偿责任。

公安机关交通管理部门处理事故未确定事故责任比例的，按照下列规定确定事故责任比例：

保险车辆方负全部事故责任的,事故责任比例不超过 100%;

保险车辆方负主要事故责任的,事故责任比例不超过 70%;

保险车辆方负同等事故责任的,事故责任比例不超过 50%;

保险车辆方负次要事故责任的,事故责任比例不超过 30%;

保险车辆方无事故责任的,保险人不承担赔偿责任。

(3) 根据驾驶人在交通事故中所负事故责任比例,本保险实行相应的事故责任免赔率:

负全部责任的免赔 15%;

负主要责任的免赔 10%;

负同等责任的免赔 8%;

负次要责任的免赔 5%;

单方肇事事故的,事故责任免赔率为 15%。

(4) 发生保险事故时,保险车辆实际行驶区域超出保险单约定范围的,实行 10% 的绝对免赔率。

(5) 投保人在投保时可指定驾驶人或不指定驾驶人,并执行相应的费率。

指定驾驶人的,投保人应如实告知指定驾驶人的相关信息,包括驾驶人姓名、性别、年龄、准驾车型、初次领取驾驶证时间、身份证或其他有效证件号码等。

指定驾驶人的保险车辆,由非指定驾驶人驾驶保险车辆发生保险事故,或投保人提供的指定驾驶人的信息不真实的,赔偿时增加 10% 的绝对免赔率。

(6) 因保险事故造成车上人员人身伤亡的,未经保险人书面同意,被保险人自行承诺或支付的赔偿金额,保险人有权重新核定。不属于保险人赔偿范围或超出保险人应赔偿金额的,保险人不承担赔偿责任。

(7) 保险事故发生后,保险人按照国家相关法律法规规定的赔偿范围、项目和标准以及本保险合同的规定,并根据国务院卫生主管部门组织制定的交通事故人员创伤临床诊疗指南和国家基本医疗保险标准计算赔偿金额。驾驶人的赔偿金额不超过保单载明的司机座位最高赔偿限额,每位乘客的赔偿金额不超过保单载明的乘客座位每座最高赔偿限额,最高赔偿人数以投保座位数为限。

(8) 保险车辆在使用过程中与其他机动车辆发生碰撞造成本车上人员人身伤亡的,对应当由其他机动车辆的交强险赔偿的金额,保险人先予以扣除,再依据保险车辆驾驶人在事故中所负事故责任比例,按照本合同的规定负责赔偿。

5. 车上人员责任险的期限

除另有约定外,保险期限为一年,以保险单载明的起讫时间为准。被保险人获得赔偿后,保险合同继续有效,直至保险期间届满。

4.2.4　全车盗抢险

1. 全车盗抢险概述

全车盗抢险是指全车发生丢失被盗,报案后 60 天还无法寻回时,保险公司负责赔偿的险种。

A、B、C 款对全车盗抢险的规定略有差异,选用 C 款的保险公司将全车盗抢险列为商业基本险,而选用 A 款或 B 款保险公司可自主决定是否将全车盗抢险列为商业基本险,若保险公司将该险列为附加险,必须在投保车损险后方可投保。平安保险公司上海分公司将全车盗抢险列为商业基本险。

2. 全车盗抢险的保险责任

在保险期间内,因下列原因造成保险车辆的损失或发生的合理费用,保险人按照本保险合同的规定在保险金额内负责赔偿:

(1) 保险车辆全车被盗窃、抢劫、抢夺,经县级以上公安部门立案侦查,自立案之日起满两个月未查明下落的;

(2) 保险车辆在全车被盗窃、抢劫、抢夺后受到损坏或因此造成车上零部件、附属设备丢失需要修复的合理费用;

(3) 保险车辆在全车被抢劫、抢夺过程中,受到损坏需要修复的合理费用。

3. 全车盗抢险的责任免除

(1) 下列原因造成的损失,保险人不负责赔偿:

① 战争、军事冲突、恐怖活动、暴乱;

② 自然灾害造成保险车辆的灭失;

③ 被保险人及其家庭成员或驾驶人的故意行为或违法行为;

④ 驾驶人饮酒或服用国家管制的精神药品或麻醉药品的;

⑤ 保险车辆被诈骗、扣押、罚没、查封或政府征用;

⑥ 因民事、经济纠纷导致保险车辆被盗窃、抢劫、抢夺;

⑦ 承租人或经承租人许可使用保险车辆的驾驶人与保险车辆同时失踪。

(2) 保险车辆全车被盗窃、抢劫、抢夺时,有以下情形之一的,保险人不负赔偿责任:

① 除非另有约定,发生保险事故时无公安机关交通管理部门核发的合法有效的行驶证、号牌;

② 被保险人索赔时,未能提供机动车停驶手续或出险当地县级以上公安刑侦部门出具的盗抢立案证明;

③ 保险车辆在竞赛、检测、修理、养护,被扣押、征用、没收期间;

④ 保险车辆转让他人,被保险人、受让人未履行通知义务的,因转让导致保险车辆危险程度显著增加而发生保险事故。

(3) 下列损失,保险人不负责赔偿:

① 非全车遭盗窃、抢劫、抢夺,仅车上零部件或附属设备被盗窃、抢劫、抢夺、损坏;

② 新车车辆出厂时的原厂配置以外新增设备的损失;

③ 保险车辆全车被盗窃、抢劫、抢夺期间造成人身伤亡或本车以外的财产损失;

④ 遭受保险责任范围内的损失后,未经必要修理继续使用,致使损失扩大的部分;

⑤ 市场价格变动造成的贬值、修理后因价值降低引起的损失。

(4) 其他不属于保险责任范围内的损失和费用,保险人不负责赔偿。

4. 全车盗抢险的赔偿处理

(1) 被保险人向保险人索赔时,须提供以下材料:

① 保险单;

② 被保险人的有效身份证明;被保险人与车主不一致的,应提供被保险人与车主关系证明;

③ 驾驶人驾驶证、机动车登记证书、机动车行驶证、购车发票等机动车来历证明、车辆购置税完税证明或者免税凭证、车钥匙;

④ 报案回执、案件未侦破及车辆未寻回证明、养路费报停证明;

⑤ 车辆管理所已根据刑侦部门提供的情况,在其计算机登记系统内记录,并停止办理保险车辆各项登记的证明;

⑥ 其他能够确认保险事故的性质、原因、损失程度等有关的证明和资料。

(2) 保险车辆发生保险责任第①条规定的保险事故,本保险赔偿时实行20%的绝对免赔率。

(3) 保险车辆全车被盗窃、抢劫、抢夺,被保险人如不能提供机动车登记证书、机动车行驶证、购车发票等机动车来历证明、车辆购置税完税证明或者免税凭证的,每缺少一项,另增加0.5%的绝对免赔率;保险车辆全车被盗窃,原配的全套车钥匙缺失的,另增加5%的绝对免赔率。

(4) 发生保险事故时,保险车辆实际行驶区域超出保险单约定范围的,增加10%的绝对免赔率。

(5) 投保人在投保时可指定驾驶人或不指定驾驶人,并执行相应的费率。

指定驾驶人的,投保人应如实告知指定驾驶人的相关信息,包括驾驶人姓名、性别、年龄、准驾车型、初次领取驾驶证时间、身份证或其他有效证件号码等。

指定驾驶人的保险车辆,由非指定驾驶人驾驶保险车辆发生保险事故,或投保人提供的指定驾驶人的信息不真实的,赔偿时增加5%的绝对免赔率。

(6) 保险车辆全车被盗窃、被抢劫、被抢夺、被保险人获得赔偿时,应签具权益转让书。

(7) 保险车辆全车被盗窃、抢劫、抢夺后找回的:

① 如保险人尚未支付相应的保险赔款,保险车辆归被保险人所有,保险人无须承担赔偿责任;

② 如保险人已经支付相应的保险赔款,保险车辆可以归被保险人所有,但被保险人应退还相应的保险赔款;如被保险人不愿意接受保险车辆,则保险车辆所有权归保险人所有,被保险人应协助办理相关变更登记手续。

5. 全车盗抢险的期限

除另有约定外,保险期限为一年,以保险单载明的起讫时间为准。

下列情况下,保险人支付赔款后,本合同自动终止,保险人不退还全车盗抢险及其附加险的保险费:

(1) 保险车辆在全车盗抢险保险责任下发生全部损失;

(2) 保险人按全车盗抢险保险责任承担的一次赔款金额与免赔金额之和(不含施救费)

大于或等于保险金额的。

【举例 4-4】 马先生购买了一辆客车,在平安上海分公司投保了全车盗抢险。6 月,他丢失了一把原厂车钥匙。7 月,车辆被盗。马先生报案后通知了保险公司,同时提交了另一把原厂车钥匙和两把自配钥匙。保险公司以马先生没能提供全部车钥匙为由,拒赔 5% 的损失。马先生要求保险公司全额赔偿。马先生为此将保险公司告上法庭。试分析保险公司的决定是否存在不妥之处。

案例分析:

在盗抢险赔款处理条款中规定"保险车辆全车被盗窃,原配的全套车钥匙缺失的,另增加 5% 的绝对免赔率"。本案例中马先生在客车被盗之前仅丢失了一把原厂车钥匙,与条款中"原配的全套车钥匙缺失"不符,因此保险公司不应增加 5% 的免赔率。

4.2.5 不计免赔率特约险

1. 不计免赔率特约险概述

不计免赔率特约险(简称不计免赔险)是指把原来合同中规定的应该由被保险人自行承担的免赔金额部分,转嫁由保险公司负责赔偿。

A、B、C 款对不计免赔险的规定略有差异。不计免赔险并不是对所有事故都没有免赔的,一般而言主要针对的是主险,如果没有指明附加险包括在内,则是不能全部免赔的。平安保险公司上海分公司将不计免赔率特约险分为基本险不计免赔率特约险和附加险不计免赔率特约险。

2. 基本险不计免赔率特约险条款

(1) 保险责任

经特别约定,保险事故发生后,按照投保人选择投保的商业第三者责任保险、车辆损失险或车上人员责任险的事故责任免赔率计算的,或按照全车盗抢险的绝对免赔率计算的,应当由被保险人自行承担的免赔金额部分,保险人负责赔偿。

基本险各险种的不计免赔率特约责任彼此独立存在,投保人可选择分别投保,并适用不同的费率。

(2) 责任免除

下列金额,保险人不负责赔偿:

① 因违反法律法规中有关机动车辆装载规定而增加的免赔金额;

② 因保险车辆实际行驶区域超出保险单的约定范围而增加的免赔金额;

③ 因投保时指定驾驶人但保险事故发生时为非指定驾驶人驾驶保险车辆而增加的免赔金额,因提供的指定驾驶人信息不真实而增加的免赔金额;

④ 因应当由第三者负责赔偿但无法找到第三者而增加的免赔金额;

⑤ 保险车辆全车被盗窃、抢劫、抢夺,因被保险人不能提供机动车登记证书、机动车行驶证、购车发票等机动车来历证明、车辆购置税完税证明或者免税凭证而增加的免赔金额;保险车辆全车被盗窃,因原配的全套车钥匙缺失而增加的免赔金额;

⑥ 根据多次事故免赔特约条款的绝对免赔率计算的应当由被保险人自行承担的免赔金额。

3. 附加险不计免赔率特约险条款

（1）保险责任

经特别约定，保险事故发生后，按照投保人选择投保的附加险的事故责任免赔率和绝对免赔率计算的，应当由被保险人自行承担的免赔金额部分，保险人负责赔偿。

附加险各险种的不计免赔率特约责任作为整体存在，投保人不可选择分别投保。

（2）责任免除

下列金额，保险人不负责赔偿：

① 因违反法律法规中有关机动车辆装载规定而增加的免赔金额；

② 因保险车辆实际行驶区域超出保险单的约定范围而增加的免赔金额；

③ 因投保时指定驾驶人但保险事故发生时为非指定驾驶人驾驶保险车辆而增加的免赔金额，因提供的指定驾驶人信息不真实而增加的免赔金额；

④ 因应当由第三者负责赔偿但无法找到第三者而增加的免赔金额；

⑤ 根据多次事故免赔特约条款的绝对免赔率计算的应当由被保险人自行承担的免赔金额。

4.2.6　玻璃单独破碎险

1. 玻璃单独破碎险概述

玻璃单独破碎险是指在保险期间内，发生本车风窗玻璃、车窗玻璃等单独破碎时，保险公司按实际损失赔偿。

A、B、C 款对玻璃破碎险的规定略有差异。A、B 款只赔偿风窗玻璃或车窗玻璃的单独破碎，而 C 款赔偿除天窗玻璃外的所有本车玻璃的单独破碎。玻璃单独破碎险是车辆损失险的附加险，已投保车损险的车辆方可投保本附加险。车上玻璃单独破碎的几种原因：①小偷砸碎玻璃为了偷东西；②汽车在高速路上或不好道路上行驶时，溅起的小石子将风窗玻璃击碎；③高空坠物将风窗玻璃或天窗玻璃砸碎。车主可根据风险的大小决定是否投保该险种。

2. 玻璃单独破碎险条款

（1）保险责任

在保险期间内，保险车辆在使用过程中，发生本车风挡玻璃或车窗玻璃的单独破碎，保险人按实际损失赔偿。

投保人在与保险人协商的基础上，自愿按进口或国产玻璃选择投保，保险人根据其选择承担相应保险责任。

（2）责任免除

保险车辆的下列损失，保险人不负责赔偿：

① 灯具、车镜玻璃破碎；

② 安装、维修车辆过程中造成玻璃的破碎。

4.2.7　车身划痕损失险

1. 车身划痕损失险概述

车身划痕损失险是指保险车辆发生无明显碰撞痕迹的车身表面油漆单独划伤时，保险公司按实际损失负责赔偿的险种。

A、B、C 款对车身划痕损失险的规定略有差异。车身划痕损失险是车辆损失险的附加险，已投保车损险的车辆方可投保本附加险。产生车身划痕损失的几种原因：①由于驾驶技术不熟练剐蹭车身表面；②停车期间被人用硬物划伤漆面或被其他车辆碰撞。一般只有新车且是新手司机可考虑投保本险种。但车身划痕损失险性价比不高，理赔手续复杂，存在 15％ 的绝对理赔率，且影响第二年续保的打折，所以不建议投保该险种。

2. 车身划痕损失险条款

(1) 保险责任

在保险期间内，保险车辆发生无明显碰撞痕迹的车身表面油漆单独划伤，保险人根据本合同的规定按实际损失负责赔偿。

(2) 责任免除

保险车辆的下列损失，保险人不负责赔偿：

① 被保险人或驾驶人的故意行为造成保险车辆的损失；

② 他人因与被保险人或驾驶人及其家庭成员发生民事、经济纠纷造成保险车辆的损失；

③ 车身表面自然老化、损坏；

④ 其他不属于保险责任范围内损失和费用。

(3) 保险期限

除另有约定外，保险期限为一年，以保险单载明的起讫时间为准。

在保险期间内，保险人赔偿金额累计达到赔偿限额时，本附加险保险责任终止。

4.2.8　可选免赔额特约险

可选免赔额特约险是指被保险机动车发生机动车损失保险合同约定的保险事故，保险人在按照机动车损失保险合同的约定计算赔款后，扣减本特约条款约定的免赔额后进行赔偿的一种险种。可选免赔额特约险是车辆损失险的附加险，已投保车损险的车辆方可投保本附加险。当车辆损失险的保险责任终止时，本保险责任同时终止。

可选免赔额特约险车主作为投保人，可以在与保险公司协商确定一个绝对免赔额。就是说，在车辆发生保险事故后其损失低于约定绝对免赔额，保险公司不承担赔偿责任，而若高于约定绝对免赔额，保险公司在扣除约定免赔额后，对高出来的部分进行赔偿。同时，在投此保时可以按其选定免赔额的不同享受相应的机动车损失险费率优惠。

4.2.9 平安保险公司其他保险险种简介

1. 自燃损失险

投保自燃损失险后,在保险期间内,保险车辆在使用过程中,因本车电器、线路、油路、供油系统、供气系统、货物自身发生问题、机动车运转摩擦起火引起火灾,造成保险车辆的损失,以及被保险人在发生本保险事故时,为减少保险车辆损失所支出的必要合理的施救费用,保险人负责赔偿。本保险是车辆损失险的附加险,已投保车辆损失险的车辆方可投保本附加险。

2. 车辆停驶损失险

投保车辆停驶损失险后,在保险期间内,保险车辆在使用过程中,因发生车辆损失险第一条所列的保险事故,造成车身损毁,致使保险车辆需进厂修理,造成保险车辆停驶的损失,保险人按保险合同规定在赔偿限额内负责赔偿。本保险是车辆损失险的附加险,已投保车辆损失险的车辆方可投保本附加险。

3. 代步车费用险

投保代步车费用险后,在保险期间内,保险车辆在使用过程中,因发生车辆损失险第一条所列的保险事故,造成车身损毁,致使保险车辆需进厂修理,对于被保险人需要租用代步车发生的费用,保险人按保险合同规定在赔偿限额内负责赔偿。本保险是车辆损失险的附加险,已投保车辆损失险的车辆方可投保本附加险。

4. 新增加设备损失险

投保新增加设备损失险后,在保险期间内,保险车辆在使用过程中,发生车辆损失险第一条所列的保险事故,造成车上新增加设备的直接损毁,保险人依据保险车辆驾驶人在事故中所负事故责任比例,在保险单该项目所载明的保险金额内负责赔偿。本保险是车辆损失险的附加险,已投保车辆损失险的车辆方可投保本附加险。

5. 车上货物责任险

投保车上货物责任险后,在保险期间内,保险车辆在使用过程中发生意外事故,致使保险车辆上所载货物遭受直接损毁,依法应由被保险人承担的经济赔偿责任,保险人依据保险车辆驾驶人在事故中所负事故责任比例,在保险单载明的赔偿限额内负责赔偿。本保险是商业第三者责任保险的附加险,已投保商业第三者责任保险的车辆方可投保本附加险。

6. 车载货物掉落责任险条款

投保车载货物掉落责任险后,在保险期间内,保险车辆在使用过程中,所载货物从车上掉落致使第三者遭受人身伤亡或财产的直接损毁,依法应由被保险人承担的经济赔偿责任,保险人在扣除交强险应赔偿部分后,按照本合同的规定在保险单载明的赔偿限额内计算赔偿。本保险是商业第三者责任保险的附加险,已投保商业第三者责任保险的车辆方可投保本附加险。

7. 交通事故精神损害赔偿险条款

投保交通事故精神损害赔偿险后,在保险期间内,保险车辆在使用过程中,因发生交通事故,致使第三者的伤残、死亡或怀孕妇女意外流产,受害方据此提出精神损害赔偿请求,依照法院判决应由被保险人承担的精神损害赔偿责任,保险人在扣除交强险应赔偿部分后,按本合同约定在赔偿限额内负责赔偿。本保险是商业第三者责任保险和车上人员责任险的附加险,已投保商业第三者责任保险或车上人员责任险的车辆方可投保本附加险。

8. 全车盗抢附加高尔夫球具盗窃险

投保全车盗抢附加高尔夫球具盗窃险后,在保险期间内,被保险人存放于保险车辆之中的高尔夫球具与保险车辆同时遭受盗窃、抢劫、抢夺以及车辆失窃寻回后的球具丢失,由保险人承担赔偿责任。本保险是全车盗抢险的附加险,已投保全车盗抢险的 10 座以下非营运客车方可投保本附加险。

9. 多次事故免赔特约条款

投保了多次事故免赔特约险后,保险车辆在保险期间内发生三次及以上保险事故(自然灾害引起的事故除外),在事故责任免赔率的基础上,绝对免赔率从第三次保险事故开始每次增加 5%,但累计增加不超过 25%。本保险是车辆损失险的附加险,已投保车辆损失险的车辆方可投保本特约险。

4.3 车险险种的合理组合

面对众多纷繁的汽车保险产品,投保人常常感到无所适从,而对于推销员又不能完全相信。每个投保人应根据驾驶情况、车辆情况、面临风险的情况,并结合自身的风险承受能力及经济承受能力有目的的选择汽车保险产品,以达到最优的性价比。

4.3.1 车险产品选择原则

投保汽车保险时,建议遵循以下原则。

1. 必须投保交强险

按照交强险的相关规定,对未按规定投保交强险的机动车,机动车管理部门不得予以登记;机动车安全技术检验机构不得予以检验;公安交通管理部门将扣车并处以 2 倍保费的罚款。车辆上路不投保交强险属于违法行为,必须投保交强险。

2. 不要重复投保

《保险法》第四十条规定："重复保险的保险金额总和超过保险价值的,各保险人的赔偿金额的总和不得超过保险价值。除合同另有约定外,各保险人按照其合同金额与保险金额总和的比例承担赔偿责任。"由此可见,即使投保人重复投保也不会得到超额赔偿。

3. 不要超额投保

《保险法》第三十九条规定："保险金额不得超过保险价值;超出保险价值的,超过的部分无效。"由此可见,即使投保人超额投保也不会得到超额赔偿。

4. 建议选用足额投保方式

《保险法》第三十九条规定："保险金额低于保险价值的,除合同另有约定外,保险人按照保险金额与保险价值的比例承担赔偿责任。"也就是说,如果采用不足额投保,当保险标的全部损失时按保险金额赔偿,而当保险标的部分损失时,则按比例责任方式赔偿。即:赔偿金额＝损失额×保险金额/保险价值。

对旧车而言,由于大多数的车损事故中汽车只是部分损失,而车辆发生部分损失时,保险公司是按保险金额与新车购置价的比例来承担赔偿责任的,所以车辆发生部分损失时不能得到足够的保障,除非车辆发生全损事故时才划算。

5. 基本险最好保全

车损险和三者险一定要保,因为这两个险种是车辆出险后,人和车的损失能够得到赔偿的基本保证。至于盗抢险和车上人员责任险,要视车主是否有这方面的风险,当然有经济承受能力的最好投保。

6. 附加险要按需购买,但不计免赔特约险最好能保

主险和附加险大多数有免赔率规定,免赔率的比例大多在5％～20％,如果客户投保了不计免赔特约险,相当于把被保险人自己应该承担的部分又转嫁给了保险公司,所以,它是附加险中最有用、最必要的险种。

其他附加险是否购买,应根据车主自己驾驶情况、车辆情况、面临风险的情况、风险承受能力、经济承受能力等因素综合考虑。如新手尽管开车比较小心,但经验不足,难免有一些磕磕碰碰的事情发生。对于新手建议多买几个险种,而不要抱着侥幸心理,仅仅是购买交强险了事。新车均无须购买自燃险种,如果不是用车的问题,自燃都需要由车辆生产厂商负责。客户居住的地方无车库且安全设施不是很完备,建议投保"机动车盗抢保险"。

4.3.2 常见车险险种组合方案

1. 最低保障型:交强险＋三者险(5万～10万元)

保障范围:基本能够满足一般事故对第三者的损失负赔偿责任。

适用对象：保险意识不是很强，驾驶稳重可靠，投保车辆面临风险较小，不是太富裕的投保人。

特点：

(1) 保费低；

(2) 可以用来应付上牌照或年检；

(3) 在第三者轻伤的情况下可基本满足赔偿，但一旦撞车或撞人严重，赔偿限额偏少，且自己负担车辆损失费用。

【举例4-5】　家住上海郊区38岁的李女士2005年购买一辆全新雪佛兰轿车，实际驾龄10年，主要用于自己上下班和接送孩子上学。自己居住小区与公司停车场治安良好。三口之家经济不是很宽裕，2011年汽车保险险种她应如何选择？

案例分析：

10年的驾龄使李女士具有娴熟的驾驶技术，38岁的年龄使李女士在驾驶过程中增加了沉稳与仔细，同时考虑到该车辆主要用于上下班和接送孩子，目前已使用5年，李女士对车辆本身的保障需求并不强烈，况且私家车买人身以外伤害险比车上人员责任险更划算，她主要需要保险公司对事故发生后依法对第三者造成的损害赔偿责任提供保障。考虑她经济承受能力，建议选用交强险＋10万元三者险的最低保障性保险方案。

2. 基本保障型：交强险＋车损险＋三者险(15万～20万)

适用对象：经济实力不太强或短期资金不宽裕的车主。这部分车主一般认识到事故后修车费用较高，愿意为自己的车和第三者责任寻求基本保障，但又不愿意多花钱寻求更全面的保障。

特点：

(1) 保险费适中，可为自己的车和第三者的损失提供基本保障；

(2) 不是最佳组合，最好增投不计免赔特约险。

3. 经济保障型：交强险＋车损险＋三者险(20万～50万)＋基本险不计免赔特约险

适用对象：使用车辆三四年，有一定的驾龄，善于精打细算的投保人。

特点：

(1) 投保最必要、最有价值的险种；

(2) 保险性价比最高；

(3) 保费不高，但包含了比较实用的不计免赔特约险。

【举例4-6】　家住上海金山区的张先生在2006年购买了一辆福特福克斯，实际驾龄3年，主要用于上下班及节假日家庭出游。张先生居住小区条件不太好没有固定的停车位，经济条件中等但平时精打细算。2011年汽车保险险种他应如何选择？

案例分析：

张先生具有一定的驾驶经验，车龄只有3年，同时停车条件不是很好，善于精打细算的他希望在减少保费支出的情况下尽量获取较多保障。考虑到私家车，可以用人身意外伤害险代替车上人员责任险，所以建议选用交强险＋车损险＋三者险(30万)＋基本险不计免赔特约险的保险产品组合方案。

4. 最佳保障型：交强险＋车损险＋三者险（50万）＋全车盗抢险＋车上人员责任险（5座）＋玻璃单独破碎险＋基本险不计免赔特约险

适用对象：经济较宽余、保障需要比较全面而乘客不固定的私家车或一般单位用车。

特点：

(1) 在经济投保方案的基础上，将三者险增加到 50 万元，适应目前上海经济发展状况；

(2) 投保价值大的险种，价格偏高，但赔偿额度加大；

(3) 加入车上人员责任险和玻璃单独破碎险，乘客和车辆易损部分得到安全保障。

【举例 4-7】　家住上海松江区 32 岁的余女士于 2008 年购买了一辆别克君越，实际驾龄只有 2 年。余女士是徐汇区某知名公司白领，平时上下班经常有人搭顺风车，周末经常邀朋友拼车外出旅游。2011 年汽车保险险种她应如何选择？

案例分析：

余女士属于新车新手，她对新车十分爱惜，希望有全面的保险保障。同时余女士平时上下班经常有人搭顺风车，周末经常邀朋友拼车外出旅游，车上乘客不固定，应考虑车上乘客面临的风险。考虑到余女士是某知名公司白领，经济较为宽余，因此建议选用交强险＋车损险＋三者险（50万）＋车上人员责任险（5万×5）＋玻璃单独破碎险＋基本险不计免赔特约险的保险产品组合方案。

5. 全面保障型：交强险＋车损险＋三者险（100万）＋全车盗抢险＋车上人员责任险（5座）＋基本险不计免赔特约险＋玻璃单独破碎险＋车身划痕险＋涉水行驶发动机损失险＋附加险不计免赔特约险

适用对象：经济充裕的老板或企事业单位用车。

特点：

(1) 对于私家车或一般公司而言，已基本做到非常全面；

(2) 几乎与轿车有关的常见事故损失都能够得到赔偿，不用承担投保决策失误的损失；

(3) 保费高，性价比不高；

(4) 涉水行驶发动机损失险在我国南方对投保人较划算，但目前上海地区保险公司不积极提供。

【举例 4-8】　家住上海普陀区 42 岁的王先生是一家私企老板，月收入过百万。他于 2009 年购买了一辆宝马 X5，实际驾龄已有 10 年。平时经常到浙江、江苏等地出差。2011 年汽车保险险种他应如何选择？

案例分析：

王先生驾龄 10 年，新购过百万豪车，希望有全面的保险保障。同时王先生经常到浙江、江苏等地出差，忙于生意，经济富裕，对个人花费不是太计较，因此建议选用交强险＋车损险＋三者险（100万）＋全车盗抢险＋车上人员责任险（5座）＋基本险不计免赔特约险＋玻璃单独破碎险＋车身划痕险＋涉水行驶发动机损失险＋附加险不计免赔特约险的保险产品组合方案。

【本章小结】

我国 2006 年 7 月 1 日开始要求必须投保交强险。2008 年 2 月 1 日起,我国实行新的交强险责任限额与费率方案,与新版交强险和商业三者险配套的简化理赔服务同步"上线"。2009 年 2 月 1 日起,国内保险行业在全国范围正式实施"交强险财产损失互碰自赔处理机制"。

交强险主要具有实行强制性投保和强制性承保、突出"以人为本",保障范围广、坚持社会效益,实行"不赢不亏"的经营原则以及体现"奖优罚劣"的特点。

交强险与三者险存在极大的区别,主要表现在:①交强险是强制保险,而商业三者险具有自愿性;②交强险实行"无过错责任"赔偿原则,商业三者险实行"按责论处"赔偿原则;③交强险保险责任范围比商业三者险宽泛;④交强险实行分项责任限额制,且责任限额固定;而商业三者险只设定综合的责任限额,但责任限额可以分成不同的档次,由投保人自由选择;⑤交强险坚持"社会效益"原则,商业三者险坚持"经济利益"原则;⑥交强险优先赔偿,商业三者险补充赔偿;⑦交强险保险公司垫付抢救费,商业三者险无垫付义务;⑧交强险中第三者指除被保险机动车本车人员、被保险人意外的事故受害者,商业三者险中第三者指除被保险机动车本车人员、被保险人、投保人和保险人以外的事故受害者。

保险人按照交强险合同的约定对每次事故在下列赔偿限额内负责赔偿:

(一) 死亡伤残赔偿限额为 110000 元;

(二) 医疗费用赔偿限额为 10000 元;

(三) 财产损失赔偿限额为 2000 元;

(四) 被保险人无责任时,无责任死亡伤残赔偿限额为 11000 元;无责任医疗费用赔偿限额为 1000 元;无责任财产损失赔偿限额为 100 元。

自 2007 年 4 月 1 日中国保险行业协会公布了 A、B、C 三套保险行业条款,对车辆损失险、第三者责任险、车上人员责任险、盗抢险、不计免赔率特约险、玻璃单独破碎险、车身划痕损失险和可选免赔额特约险八大险种进行了统一。

八大险种保险责任、免除责任及赔偿处理。

平安保险公司上海分公司其余保险产品简介。

投保车险时,必须选择合理的保险产品组合方案。选择时应遵循的原则:①必须投保交强险;②不要重复投保;③不要超额投保;④建议选用足额投保方式;⑤基本险最好保全;⑥附加险要按需购买,但不计免赔特约险最好能保。

推荐合理的车险产品组合方案分为:最低保障型;基本保障型;经济保障型;最佳保障型和全面保障型保险产品组合方案。

【案例分析】

案例 1　保险期限如何界定

2009 年 9 月 21 日,王女士新买了一辆五菱客车,买车时便在一家保险公司投保了交通事故责任强制险。当时,保险公司在合同中约定,保期从 2009 年 9 月 22 日 0 时起至 2010 年 9 月 21 日 24 时止。买回车的当天下午,王女士的朋友小李便驾驶这辆尚未上牌照的客车上了路,在由南向北行至和平南路大众巷口时,不慎将行人张某撞倒,张某后经抢救无效死亡。事后,交警部门认定小李负事故的全部责任。在事故理赔时,保险公司以事发时不在保险期内为由拒绝赔付。根据交强险的最新规定分析该案例。

案例 2   损失鉴定谁说了算

陈先生将其一辆宝马车向某保险公司(选用 B 款保险条款)投保车辆损失险 80 余万元,并支付了保险费 1 万余元。半年后,驾驶员因违反交通规则,与一大型客车相撞,造成车毁人亡。陈先生在处理善后过程中,与保险公司在保险车辆的估损和理赔上发生争执。保险公司在未通知陈先生的情况下,委托了一家修理厂对该车辆进行鉴定,鉴定的结论为:该宝马车尚可修复,费用 44 万元。陈先生提出异议,并向法院提出诉讼,认为车辆已经全损,修理也无必要,应当赔款。你对陈先生有什么建议?

案例 3   车轮脱落造成损失,是否赔偿

某公司承保的太拖拉半挂车在行驶途中右前轮脱落,将路边等公交车的女青年砸死。事后当地交警认为不属于交通事故。车管所对事故车辆鉴定结论为:标的车辆制动力和驻车制动力达不到标准,灯光装置不合格,车辆故障具有突发性质。因此保险公司提出因某些不安全因素拒赔。试运用本章所学知识对该案例进行分析。

案例 4   被盗全车追回,如何赔偿

刘先生于 2006 年 10 月 22 日购买了一辆桑塔纳轿车,购车费为 8 万,附加费 1.5 万。他为该车办理了全车车辆损失险和全车盗抢险,双方确认保险金额为 9.5 万元,保险期为一年。按照合同中有关盗窃保险条款的规定,如果该机动车被盗,保险公司将按保险金额予以全额赔偿。

2007 年 4 月 4 日,该车被盗,刘先生立即向公安机关和保险公司办案。到了 6 月 26 日汽车仍未找到。刘先生持公安机关的证明向保险公司的办事处索赔,保险公司的办事处称要向上级公司申报。7 月初,刘先生被盗的车辆被公安机关查获,保险公司将车取回,但这时刘先生不愿意收回自己丢失的车,而要求保险公司按照保险合同支付 9.5 万元的保险金及其利息。而保险公司认为,既然被盗汽车已经被找回,因汽车被盗而引起的保险赔偿金的问题已经不存在了,因此,刘先生应领回自己的汽车,并承担保险公司为索赔该车所花费的开支。由于意见不合,双方便上诉至法院。试运用本章所学知识对该案例进行分析。

案例 5   车上人员责任险如何赔偿

2002 年 1 月,王某将其拥有的一辆桑塔纳轿车向保险公司投保了机动车辆保险,同时附加车上人员责任险。

该车投保一个月后,由于发生交通事故,造成驾驶员王某及车上两名乘客陈某、李某不同程度受伤,车辆受损。经交警部门认定,王某负事故全部责任,承担事故造成的全部经济损失。

半月后,王某带着全部单证到保险公司办理索赔。经保险公司理赔人员审核单证后,除对车损部分按保险双方达成的维修价格赔付外,对车上受伤人员的赔偿产生了争议。经保险公司查抄底单得知,该车选择投保一座,而且没有约定是哪个座位。由于受伤三人包括王某本人,在事故中受伤程度不同,各自花费的医疗费用也不同,其中王某花费 2000 元,陈某花费 3000 元,李某花费 4000 元。因此保险公司选择不同的伤者作为赔付对象,赔款结果是不一样的。

案例6　交强险赔付限额

2008 年 3 月,吴某购买了一辆桑塔纳轿车,并购买了交强险。某天在路口等红灯时被一辆奔驰轿车追尾,桑塔纳轿车后保险杠被撞坏,奔驰轿车的前保险杠等也出现损坏。交警认定奔驰车主负全责。桑塔纳轿车维修费 180 元,奔驰轿车维修费 3200 元。

问:此种情况下,奔驰车主和吴某是否要赔偿对方车辆的损失?如果要赔偿,最多应赔偿多少呢?并分析其依据与原因。

参考答案

案例1分析: 保险公司约定保期的行为与交强险保单"即时生效"的规定相悖,本保险合同应从出单时即时生效,保险公司应承担相应责任。同时,法院以交通肇事罪判处小李有期徒刑 1 年 8 个月,赔偿死者家属 24.5 万元,车主王女士承担连带赔偿责任;保险公司在其 12 万元的保额内承担赔偿责任。

交强险实施以后,对保障机动车道路交通事故受害人的合法权益发挥了重大作用。然而,一些人在新车上完保险而尚未到所谓约定保期过程中,会发生刮蹭等交通事故,最终却由于保险公司"投保后次日零时生效"的规定,得不到应有的赔偿。鉴于这种情况,国家保监会 2009 年 3 月 25 日下发通知:各保险公司在交强险承保工作中就保险期间作特别说明,写明或加盖"即时生效"等字样,使保单自出单时立即生效,以便切实保障消费者的权益。

案例2分析: 该案例涉及估损问题,估损应遵循两个原则:一是尽量修复原则;二是协商原则。如果是未经协商或协商不成,保险人有核定或拒赔权。因此,与保险人协商进行"估损"是解决问题的基本方法。

不同的修理厂对同一损失的鉴定结论和修理费用会有所差异。因此,如果对保险人的估损结果有疑问,可以选定一个专业的、中立的权威鉴定机构仲裁解决。近年来,先后由保险监督委员会批准设立的专门从事保险标的的估损、鉴定等的保险评估机构,以及一些保险的进口车型的特约维修部门,都是可以考虑的鉴定机构。

案例3分析: 机动车辆在行驶过程中,车轮和车辆应视为一体,由车轮突然脱落造成的第三者损失,属于意外事故,构成第三者责任。

事后,车管所对事故车辆鉴定结论为:标的车辆制动力和驻车制动力达不到标准,灯光装置不合格,车辆故障具有突发性质。保险公司提出因某些不安全因素拒赔,理由较牵强。且该起事故的发生与制动力、驻车制动力和灯光不合格无直接关系,因此该案拒赔不妥。被保险人和受害人之间的关系是侵权关系,保险人与被保险人之间是合同关系。保险人应按车险条款的规定执行合同。如果能够确定车轮掉落是由于车辆质量所致,则应向制造商追偿。

案例4分析：这是一起车辆被盗三个月后，保险公司应该赔付保险金还是应该还车的案例。被盗车辆被追回，但如果被保险人看到车辆已不值被盗前的价格，一般愿意选择保险公司给付保险金。

现行的机动车辆全车盗抢险条款明确规定："保险人赔偿后，如被盗抢的保险车辆找回，保险车辆可以归被保险人所有，但被保险人应退还相应的保险赔款；如被保险人不愿意接受保险车辆，则保险车辆所有权归保险人所有，被保险人应协助办理相关变更登记手续。"由此可见被保险人具备要车或者要保险赔付的优先选择权。因此，刘先生要求保险公司按照保险合同支付保险金是合理的。

案例5分析：由于现行的《机动车辆保险条款》附加车上人员责任险中，并没有要求被保险人在选择座位投保时一定要约定明确投保哪一座位，因此，被保险人较多地采用了不约定哪一座位的方式投保。这样，一旦发生保险事故造成车上人员受伤，均视为投保座位上的人员受伤；或者在车辆核定座位数内，当车上人数多于投保座位数量时，要求将产生医疗费用高的伤者作为投保座位上的人员，而向保险公司索赔，本案就属此例。

实际上，在选择座位投保时，除了驾驶员座位可以在保单特别约定栏中约定外，其余座位均无法明确。例如，一辆45座的大客车，被保险人要求投保其中的15座（包括驾驶员座位）。保险公司在承保中除了对驾驶员座位可以特别约定外，其余的14座均无法确定。出险后，只能按照出险人数，选择的座位数和赔付金额的多少理赔。既然没有约定，就应以赔付金额最高的乘客作为理赔依据。

案例6分析：按现行交强险规定，在事故中有责任方在财产损失责任限额2000元内赔偿对方车辆损失，无责任方在财产损失责任限额100元内赔偿对方车辆损失。所以吴某赔偿奔驰车主100元，而奔驰车主赔吴某180元。

为加强对受害人利益的保护，交强险规定机动车肇事后，即使自己一方无责任也要赔偿对方一定损失，以无责任限额为赔偿限度。该案中，吴某的车辆被追尾，无任何责任，所以，只需在无责任财产损失赔偿限额下赔偿对方部分修车费用100元即可。

【复习思考题】

1. 什么是机动车交通事故强制责任保险？
2. 交强险的责任限额分哪几类？
3. 简述交强险与第三者责任险之间的区别。
4. 什么是车辆损失险？属于什么险种？
5. 什么是第三者责任险？
6. 投保车险时，如何投保主险和附加险？

5

汽车保险承保实务

导入案例

　　2009 年戚先生在二手车市场买了一辆 2005 年生产的帕萨特轿车,车价为 8 万元。他去保险公司投保了车辆损失险,保险公司要求他按照当年新车价 20 万元投保,但戚先生只肯按 8 万元投保。数月后戚先生出了交通事故,造成车损 2 万元,戚先生去保险公司办理理赔。

阅读该案例,思考:

　　(1)戚先生投保车损险方式是否合理,若不合理给出你的建议;
　　(2)在不考虑免赔率和事故责任的情况下,戚先生会获得多少赔款?

关键词:投保　承保　核保　保险单

5.1　承保流程

　　汽车承保是保险人与投保人签订保险合同的过程。具体过程是,从事展业的人员向客户宣传保险产品,帮助客户分析风险种类及相应管理方法,并制定出完善的保险方案;而客户根据自身情况以及展业人员的介绍,产生购买保险的愿望,并填写投保单;然后,保险人审查投保单,向投保人询问有关保险标的和被保险人的各种情况,从而决定是否接受投保。如果保险人接受投保,则收取保险费、出具保险单和保险证,保险合同即告成立,并按约定时间生效。如果保险人根据当前的客户条件尚不能确定,则可向客户提出需要补充的事项,或表明可以接受投保的附加条件。当然,保险人也可以直接拒绝承保。

　　在保险合同有效期内,如果保险标的的所有权改变,或者投保人因某种原因要求更改或取消保险合同,则需进行批改作业。

　　保险合同接近期满时,保险人会征询投保人意愿,是否继续办理保险事宜,即续保。

　　因此,一个完整的承保流程由六个环节组成,即:展业→投保→核保→签发单证→批改→续保。其核心环节为:投保→核保→签发单证。

5.2 展业

保险展业是保险人向客户宣传保险、介绍保险产品的过程,是保险经营的第一步。展业工作做得如何,直接影响保险产品的销售量,直接影响用于事故补偿的保险基金积累的多少,因此,各家保险公司都非常重视展业工作,不断提高展业人员的业务素质,利用代理人、经纪人拓展服务网络,同时注重加强保险的宣传。

5.2.1 展业准备

1. 掌握基础理论知识

(1) 学习掌握《中华人民共和国保险法》、《中华人民共和国合同法》、《中华人民共和国民法通则》等国家及地方有关机动车辆保险,交通事故处理、机动车辆管理等方面的法律、法规和政策。

(2) 学习掌握保险基础知识和机动车辆保险基本险及附加险条款、条款解释和费率、费率规章、熟记投保单、投保单附表要素、保额确定方法、保险责任、责任免除、赔偿方式等各项内容。

(3) 学习机动车辆基本知识,如车辆基本构造原理、车型的识别和常见车型的价格。

(4) 学习掌握国家保险监管机关对车辆保险的监管规定和要求。

(5) 学习掌握保险公司对机动车辆保险经营管理的规定与要求。随时学习上级分公司和本级公司制定的有关规章,是做好业务的基础条件。

(6) 学习掌握本地保险同业机构达成的自律规章等制度。

2. 掌握当地市场基本情况

(1) 调查掌握所辖区域机动车社会拥有量、新增机动车辆信息和年检数量、各类车型所占比例、承保情况等。调查掌握所辖区域内机动车辆和承保车辆的历年事故发生频率,事故规律和出险赔付情况;分别建立社会车辆拥有量的保源数据库、车辆保险数据库和交通事故分析数据库,业务部门据此做好车辆风险分析与展业承保指南。业务管理部门和经办人员应学会运用公司现有的计算机和实务软件程序,分析业务结构、经营业绩和建立数据分析库,使风险分析有理有据。一个完整、规范、准确的车险业务数据库可以按需分析出相关业务报表或提供数据模型,是提高续保和风险选择的依据。

(2) 了解市场对车险险种的需求,选择取向,掌握客户投保心理动态和了解客户的需求。

(3) 了解保险同业情况,掌握本地区保险市场竞争动态、竞争对手的业务、发展重点、展业方向及措施和手段。做到知己知彼,才能有的放矢。

3. 保前调查

在不损害客户信誉和商业秘密的前提下,加强市场调查是非常重要的。调查项目有:

（1）摸清客户拥有车辆的数量、车型、用途及目前承保公司、保险期限或曾经投保的公司等。

（2）弄清客户的信誉程度、安全管理情况和历年度保险车辆出险与实际赔付情况。

（3）有的放矢地做好各类客户的公关工作。

（4）摸清客户与标的利益关系，确定有无可保利益。

4. 制定展业计划，确定展业目标

（1）制定月、季、年度展业计划和策略，确定展业目标，展业重点，定期分析展业情况，合理安排展业时间；制定展业计划应实事求是，展业目标应明确无遗。

（2）做好续保工作，根据保险数据库资料制定续保工作计划，对续保业务做到心中有数。保险期满前一个月邮寄或上门发送续保通知书。

5.2.2　展业宣传

（1）各分支机构和本地保险市场特征，宣传本保险公司车险名优品牌以及机构网络、人才、技术、资金、服务等优势。在宣传比较优势时，以正面宣传本公司的优势为主，宣传材料和宣传方式应避免损害其他保险人。

（2）宣传基本险、附加险条款的主要内容和承保理赔手续。重点宣传保险责任、责任免除、被保险人义务和附加险与基本险在保障上的互相补充作用，并备齐有关宣传材料。

5.2.3　展业方式

（1）展业坚持以自办为主，利用柜台服务、上门展业、电话预约承保、邮寄投保和网上投保等多种手段进行展业。

（2）广泛与代理人公司、经纪公司、独立代理人以及车辆管理部门、银行、海关、控购办、汽车销售商、大企业集团等单位建立代理和业务合作关系。

（3）要遵守国家有关法律、法规和中国保监会对财产保险特别是机动车辆保险的监管规定与要求，不得对保险条款进行扩展性解释或超越权限向投保人私自承诺，误导投保人投保。

除法律、法规规定必须强制参加保险外，其他行政机关或保险公司不得搞强制或变相强制保险。至于国家行政管理部门为规范交通管理，提高安全保障而制定的带强制性的地方法规或规范性文件，可以配合政府有关部门工作，但不得与政府行政管理机关等部门联合发文搞强制保险，这也是《保险法》所规定的内容。

5.3　投保

汽车保险的投保是投保人向保险人表达缔结保险合同意愿的行为，即要约行为。汽车保险投保流程为：准备资料、填写保单、交保费并签订保险合同、领取保险单证。

5.3.1　汽车保险的选择

《中华人民共和国保险法》第十条规定："投保人和保险人订立保险合同,应当遵循公平互利、协商一致、自愿订立的原则,不得损害社会公共利益。除法律、行政法规规定必须保险的以外,保险公司和其他单位不得强制他人订立保险合同。"因此投保人根据自己的实际情况,选择不同的保险公司,投保不同的保险产品,是法律赋予投保人的权利。

随着承接车辆保险业务的保险公司的增加,各保险公司根据车辆的具体情况和投保人的不同,纷纷推出了适合不同投保人情况的不同汽车保险险种。整个汽车保险市场日趋多元化,竞争日趋激烈。这一方面提高了汽车保险行业的规范性和服务质量,另一方面也使客户的投保有了更大的选择余地,能够选择自己信赖的保险公司和适合自己的保险产品。

1. 汽车保险选择原则

投保人在选择汽车保险时,应从售前、售中及售后各个方面对汽车保险公司及保险产品予以考虑。具体选择汽车保险时,建议遵循以下原则。

(1) 保险公司的选择原则:向中华人民共和国境内的保险公司投保

《中华人民共和国保险法》第七条规定:"在中华人民共和国境内的法人和其他组织需要办理境内保险的,应当向中华人民共和国境内的保险公司投保。"注意这里的保险公司,包括国内的保险公司以及经保监会批准的以独资或合资方式在中华人民共和国境内开办的保险公司。

(2) 信誉和服务原则:选择信誉和服务好的保险公司

投保人选择购买汽车保险产品,目的就是为了最大程度地减小汽车风险所带来的经济损失。汽车发生责任内事故时,保险公司的理赔最大程度地反映了汽车保险的信誉和服务情况,同时也直接与被保险人的经济利益挂钩。所以,投保人在购买汽车保险产品时应考虑:保险公司资产是否雄厚、信誉度、售后服务情况等。并且,汽车的活动范围较广,投保人还应考虑在哪些地域要能够直接接受服务,以减少不必要的麻烦,最大程度确保投保人的利益。

(3) 高性价比原则:选择高性价比产品组合

购买汽车保险产品和购买其他产品一样,要考虑性价比最佳。目前各汽车保险公司提供的汽车保险产品众繁纷杂,投保人在选择时,应考虑自身实际情况选择性价比高的汽车保险产品组合,达到保险目的的同时减少资金投入。

2. 汽车保险选择内容

投保人通过到保险公司购买汽车保险产品的方式,将自己所面临的汽车风险转嫁保险公司。而一旦发生交通事故,保险公司能否按照合同约定进行合理的经济补偿,已成为每个投保人所关心的首要问题。为了保证投保人能够按合同获得必要的经济补偿,每个投保人在投保之前应对保险公司、保险品种和投保方式进行合理选择。

1) 保险公司的选择

只有优秀的保险公司才能提供优质的保险产品和服务,正确选择保险公司,投保人的利

益才能充分得到保障。投保人在选择保险公司时,应考虑以下几方面的内容:

① 选择的保险公司必须是中华人民共和国境内依法成立、守法经营,并有车险经营权的保险公司;

② 选择的保险公司必须经营稳健、财务状况良好、有足够的偿还能力、行业内信誉高;

③ 选择的保险公司必须具有健全的管理组织机构、完善的服务体系,并且机构网点能遍布全国,以便在异地出险时,能得到当地网点机构及时的现场查勘和相关手续的办理;

④ 选择的保险公司必须拥有力量强大的专业技术人员,服务内容丰富、质量好。

另外,投保人还应多渠道获得有关保险公司的信息,如上网查询、询问保险公司老客户等,仔细研究保险合同中是否存在不合理的甚至是否存在"霸王"条款,这都为选择较好的保险公司提供了前期条件。

2) 投保方式的选择

(1) 按照投保人投保的途径分为:通过代理人投保、上门投保、柜台投保、电话投保、网上投保及通过经纪人投保六种方式。

① 通过代理人投保

目前,各大汽车销售公司的4S店纷纷进行了车辆保险业务的代理,这是大部分汽车保险的投保途径。投保人在选择这种方式时,应确信代理人是否具有执业资格证书且与保险公司签订有正式的代理合同;另外也不能全信代理人的推销,应自己提前熟悉汽车保险产品,分析自身需要,按需购买。这种方式在购买汽车现场即可购买汽车保险产品。

② 上门投保

决定采用上门投保时,投保人应主动约定,而对于未约而至的,应查验上门业务人员的身份证明材料,如保险代理人资格证书(保监会签发)、上岗证(保险公司签发)和有效身份证等。这种方式投保人相对更为便捷。

③ 柜台投保

这种方式是投保人直接到保险公司的营业网点咨询和办理投保手续,这有利于投保人对保险情况的全面认识,同时这种方式也是最安全的投保方式。

④ 电话投保

通过保险公司的电话服务专线购买汽车保险产品,如平安95512。并且有些保险公司,如平安,对这种投保方式的费率进行了适当的优惠。

⑤ 网上投保

现在有很多保险公司推出了网上承保业务,由于20世纪80年代及以后的投保人对网络较为熟悉,愿意接受新事物,很多人会选择这种方式。

⑥ 通过保险经纪人投保

经纪人从投保人的利益出发,便于与保险公司交涉。大型机关、企事业单位车辆较多,为维护自己单位的利益,可以选择这种方式投保。

(2) 对于车损险是不定值保险,按照保险金额与新车购置价之间的关系,又分为足额投保、不足额投保和超额投保三种方式。

足额投保是指保险金额等于汽车新车购置价的投保方式;不足额投保是指保险金额低于新车购置价的投保方式,此时保险金额一般等于车辆折旧后的价值;超额投保是指保险金额高于新车购置价的投保方式。各种投保方式的特点见表5-1,采用足额还是不足额投保要结合车辆已使用的年限。一般而言,新车及使用 8 年以内的旧车,最好选用足额投保。而对于车龄已超过 10 年的旧车或本身就是低价购买的二手车,最好选择不足额投保甚至不投保车损险。

表 5-1　三种投保方式的特点

投保方式	特　　点
不足额投保	(1) 当标的全部损失时,按标的实际价值补偿; (2) 当标的部分损失时,补偿金额=保险金额/保险价值×损失额×(1-免赔率); (3) 保险费较低
足额投保	(1) 当标的全部损失时,按标的实际价值补偿; (2) 当标的部分损失时,补偿金额=损失额×(1-免赔率); (3) 保险费适中
超额投保	(1) 超额部分无效; (2) 保险费较高

【举例 5-1】　某车在行驶中不慎发生严重撞树事故。经查证,该车投保了车损险,该车车损险的保险金额为 3 万元,新车购置价为 5 万元。经保险公司查勘定损核定,该车的车损为 2 万元,问保险公司不考虑免赔率及事故责任的情况下应如何支付赔款?

案例分析:

该车属于不足额投保,所以应根据不足额投保赔款计算方法进行赔款计算,补偿金额＝保险金额/保险价值×损失额＝3/5×2 万元＝1.2 万元。

3) 投保险种的选择

为了在众繁纷杂的汽车保险产品中选择适合自己的车险产品,除了遵循第 4 章已涉及的车险产品合理组合外,投保人具体投保时还应遵循以下步骤。

(1) 投保人应该非常清楚自身车辆的特点及用途,判断哪种风险产生的可能性较大,以及风险发生时损失的严重程度。如旧车发生自燃的可能性大些;营运车辆发生事故时,损失的金额大些等。

(2) 针对可能性大的风险,分析比较各保险公司的保险条款,选择合适的保险公司。选择汽车保险产品时,一定把产生风险可能性大的包括在内,否则,容易产生投保的不易发生,发生的没投保的情况,造成不必要的浪费和经济损失。

(3) 向选定的保险公司或代理人(机构)索要保险条款和费率表,仔细阅读,特别要重点注意保险产品的保险责任、责任免除和特别约定。同时还要清楚被保险人的权利和义务、免赔额或免赔率的计算,申请赔偿的手续及退保的规定。

5.3.2　汽车投保准备工作

投保的准备工作就是根据机动车保险的投保条件所做的各项工作,主要包括:准备相关证件,完备车辆保养,协助业务员验车、验证,并告知有关情况。

1. 证件准备

投保人在投保前,应准备以下证件。

① 对新保业务,若被保险人是"自然人",应提供所投保车辆行驶证、被保险人身份复印件;若被保险人是"法人或其他组织",应提供所投保车辆行驶证、被保险人的组织机构代码复印件;

② 当被保险人与车主不符时,应提供由车主出具的能够证明被保险人与投保车辆关系的证明或契约;

③ 当投保车辆约定驾驶员时,应提供约定驾驶员的"机动车驾驶证"复印件,并且车辆必须满足该驾驶员驾驶证的准驾条件;

④ 若投保人为"自然人",且由他人代办投保手续,或投保人为"法人或其他组织"的,应有投保人的"办理投保委托书",并有文字明确"授权委托×××以本投保人名义办理××××××××车辆的所有投保事宜"。投保人为"法人或其他组织"时,还应在委托书上加盖公章;投保人为自然人时,应有投保人的亲笔签名和身份证原件。而办理投保的经办人必须同时提供身份证的原件和复印件。

2. 车辆准备

车辆在投保前,必须准备好以下证件。

① 有正式的车辆号牌,如果是新车投保,在车辆上牌的同时办理保险业务。如果是购买的新车开往异地的,投单程提车保险的,必须有公安交通管理部门核发的临时车辆号牌;

② 有公安交通管理部门核发的机动车辆行驶证;

③ 有车辆检验合格证和购车发票。新车应有出厂前的检验合格证,旧车的行驶证上应有年审的合格章;

④ 对旧车续保的应提供上年度保单正本。

在投保前,应保证投保车辆技术状况正常。

5.3.3　投保单的填写

投保人向保险人表达缔结保险合同意愿的行为要书面形式表现出来,而保单就是其书面要约形式,因此填写保单过程成了投保人投保的核心过程。

1. 投保单

投保单是投保人向保险人要约意思表示的书面文件,也是投保人要求投保的书面凭证。投保单是保险合同订立过程中的一份重要单证,是投保人向保险人进行要约的证明,是确定保险合同内容的依据。投保单原则上应载明订立保险合同所涉及的主要条款,投保单经过保险人审核、接受,就成为保险合同的组成部分。投保单的内容包括被保险人、投保人的基本情况;保险车辆和驾驶员的基本情况;投保险种;保险金额;保险期限等。

2. 投保单填写的要求

投保单填写主要有以下三种方式:①投保人手工填写;②投保人利用保险公司提供的网上投保系统自助录入,打印后由投保人签字;③由保险公司业务人员或代理人员根据投保人口述,录入业务处理系统,打印后由投保人签字。填写投保单时,如果投保车辆较多,投保单容纳不下,应填写《机动车辆保险投保单附表》。同时填写投保单时,应注意字迹清楚,如要更改,需要投保人或其代理人在更正处签章。保单内容不但是保险人计算保费的重要依据,而且也是一旦发生交通事故,被保险人索赔的重要依据。填写投保单的内容时,应遵守以下要求。

① 投保人情况

投保人除了应当具有相应的权利能力和行为能力之外,对保险标的必须具有保险利益。如果投保人为自己投保,保险合同签订后,投保人即为被保险人。当投保人为"法人或其他组织"时,投保人一栏应填写其全称(与公章名称一致);当投保人为"自然人"时,应填写个人姓名(与身份证上姓名一致)。投保人名称一律填写全称,必须完整、准确,其余信息必须如实填写。

② 被保险人情况

被保险人必须是保险事故发生时遭受损失的人,即受保障的人;另一方面,被保险人必须是有保险金请求权的人。被保险人可以是自然人,也可以是法人或其他组织机构。另外保单要求填写被保险人的身份证件及号码或组织机构代码、详细地址、邮编、电话等内容,投保人必须按照保单要求在相应空格部分如实填写。

③ 投保车辆情况

投保单要求说明保险汽车的有关情况,一般包括车主、车牌号码、厂牌型号、发动机号、车架号、VIN码、座位/吨位、车辆特征(颜色、排量)、已使用年限(车辆登记/制造年月)、使用性质及行驶区域等内容。这部分内容务必仔细填写,一旦出错不但影响保费的计算,而且日后理赔可能增添额外麻烦。

车辆情况对保险费影响较大,较为详细的保险汽车有关资料,可以帮助保险人核实保险汽车的价值和确定保险金额的多少。我国《机动车辆保险条款》规定"保险金额不能超过同类型的新车购置价,超过部分无效"。所以提供保险汽车的基本资料可为保险人核保提供重要依据。

④ 驾驶员的基本情况

保险条款中规定对于约定驾驶员和不约定驾驶员收取保费是不同的,赔偿时也有所区别。所以如果投保人投保时约定驾驶员,必须填写该项。其中包括驾驶员的姓名、性别、年龄、驾龄、准驾车型及驾驶证号码等内容,当然各保险公司略有差异。

⑤ 投保险种与保险期限

车辆投保险种包括交强险、车损险、三者险、车上人员责任险、盗抢险、不计免赔率特约险、玻璃单独破碎险、车身划痕损失险、可选免赔额特约险及保险公司自选的保险险种。投保人可以根据自身实际需要,在投保单上选择投保险种。

在选择险种后应填写保险金额或赔偿限额,这是保险人在核保时确定保险费的基本依据。保险金额主要是针对车损险、盗抢险及其附加险而言的,投保人可根据投保方式确定。赔偿限额主要是针对三者险、车上人员责任险及其附加险而言的,投保人可根据自身和车辆行驶当地经济状况适当选择。

我国汽车保险期限一般为一年。有时经保险人同意后也可投保短期保险,由保险双方协商确定合同起讫时间,一般自约定起保日 0 时开始,至保险期满日 24 时止。商业险投保当日不得作为起保日,起保日最早应为投保次日。如某投保人 2010 年 9 月 10 日办理投保手续,保险期限为 1 年,要求保险日为次日,保险期限应填写:2010 年 9 月 11 日 0 时至 2011

年 9 月 10 日 24 时止。

⑥ 保险合同争议解决方式

争议解决方式由投保人和保险人在"诉讼"和"仲裁"两种方式中协商约定一种方式。如果选择"提交×××××仲裁委员会仲裁时",必须在投保单上约定仲裁委员会的名称。

⑦ 投保人签章

投保人仔细了解了投保单各项内容,并明确了各自的责任与义务后,在"投保人签名/盖章"处签名或盖章。当投保人为"自然人"时须由投保人亲笔签名;当投保人为"法人或其他组织"时须加盖公章,投保人签章必须与投保人名称一致。投保人委托他人代为办理投保手续时,投保人应出具办理投保委托书,在"投保人签名/盖章"处填写"代办人的姓名+代办",其代办人的姓名要与授权委托书上载明的被授权人姓名一致。

至此,投保人要做的工作基本完成,由保险业务员办理其他手续。

5.3.4　核交保险费及领取保险单、证

保险人经过审核,计算出保险费后,即可签发保险证,并开具保险收费收据。投保人交纳保险费,领取保险单、证。投保拿到保险单、证后,应妥善保管并随车携带,以便当车辆出险时,能够报案及时、准确,便于保险公司受理人员迅速处理报案并安排理赔人员及时进行现场查勘。

投保人在准备投保资料,填写投保单直至核交保险费领取保险单、证的整个投保过程中,应注意以下问题:

① 如实告知义务。投保人在购买车辆保险时应履行如实告知义务,对与保险风险有直接关系的情况应如实告知保险公司。投保人故意隐瞒事实,不履行如实告知义务的,保险人有权根据法律规定解除合同并不承担赔偿责任。

② 及时缴纳保险费。购买车辆保险后,应及时交纳保险费,并按照条款规定,履行被保险人义务。保险法中规定"除保险合同另有约定外,投保人应该在保险合同成立时一次交清保险费,保险费交清前发生的保险事故,保险人不承担赔偿责任"。

③ 对保险重要单证的使用和保管。投保者在购买车辆保险时,应如实填写投保单上规定的各项内容,取得保险单后应仔细核对其内容是否与投保单上的有关内容完全一致。并仔细查看特别约定是否双方已协商。

④ 投诉。投保人在购买机动车保险过程中,如发现保险公司或中介机构有误导或销售未经批准的机动车辆保险行为,可向保险监督管理部门投诉。

⑤ 当车辆的所有人发生变化时,保险单也要完成相应的更改手续。

5.4　核保

保险公司除了要大量承揽业务以外,还要保证每笔业务的质量。如果大量承保不符合要求或风险较大的业务,将使保险公司赔付率上升,影响其经营效益。保险核保是保险人对每笔业务的风险进行辨认、评估、定价,并确认保单条件,以选择优质业务进行承保的一种行

为。所以,核保对于控制经营风险,确保保险业务的健康发展有十分重要的作用。它是保险承保过程中的重要环节之一。核保完毕后,核保人在投保单上签署意见,将投保单、核保意见一并转业务内勤据以缮制保险单证。对超出本级核保权限的,应报上级公司核保。

5.4.1　核保运作基本模式

1. 核保机构设置模式

（1）分级设置模式

根据内部机构设置情况、人员配备情况、开展业务需要和业务技术要求等设立数级核保组织。比如在各省分公司内设立三级核保组织,即省分公司、地市分公司(营业部)、县支公司(营业部)。这是我国普遍采用的一种模式。

（2）核保中心模式

即在一定的区域范围内设立一个核保中心,通过网络技术,对所管辖的业务实行远程核保。其优点在于:所有经营机构均可得到核保中心的技术支持,最大限度地实现技术和优势共享;同时,核保中心可对各机构的经营行为进行有效控制和管理。按照核保管理集中的趋向,核保中心将成为今后保险公司核保的一个重要模式,同时网络技术的发展和广泛应用,为远程的集中核保提供了有利的条件和必要的技术保证。

2. 核保人员的等级和权限

目前一般分三个等级,根据核保人员的不同等级,授予不同的权限。

一级核保人主要负责审核特殊风险业务,包括高价值车辆的核保、特殊车型业务的核保、车队业务的核保,以及下级核保人员无力核保的业务。同时,还应及时解决其管辖范围内出现的有关核保技术方面的问题。

二级核保人主要负责审核非标准业务,即在核保手册中没有明确指示核保条件的业务,如保险金额、赔偿限额及免赔额等有特殊要求的业务。

三级核保人主要负责对常规业务的核保,即按照核保手册的有关规定对投保单的各个要素进行形式上的审核,亦称投保单核保。

3. 核保手册

核保手册,即核保指南,是将保险公司对于机动车辆保险核保工作的原则、方针和政策,机动车辆保险业务中涉及的条款、费率以及相关的规定,核保工作中的程序和权限规定,可能遇到的各种问题及其处理的方法,用书面文件的方式予以明确。

核保手册是核保工作的主要依据。通过核保手册,核保人员能按统一标准和程序进行核保,可实现核保工作的标准化、规范化和程序化。

5.4.2　核保内容

保险人在承保时必须经过核保过程,核保工作原则上采取两级核保体制。先由展业人员、保险经纪人、代理人进行初步核保,然后由核保人员复核决定是否承保、承保条件及保险费率等。因此,核保实务包括审核保险单、审核车辆、核定保险费率、计算保险费等必要程序。

1. 审核保险单与查验车辆

(1) 审核投保单

① 审查投保单所填的各项内容是否完整、清楚、准确。

② 验证。结合投保车辆的有关证明,如车辆行驶证、介绍信等,进行详细审核。

a 检查投保人称谓与其签章是否一致,如果投保人称谓与投保车辆的行驶证标明不符,投保人需要提供其对投保车辆拥有可保利益的书面证明;

b 检验投保车辆的行驶证是否与保险标的相符,车辆的牌照号码、发动机号码是否与行驶证一致。

(2) 实际查验车辆

根据投保单、投保单附表及车辆驾驶证,对车辆进行实际查验。检查的内容主要包括:

① 确定该车是否存在,是否有损失,是否有消防和防盗系统;

② 车辆的车牌号,车型、发动机号、车架号、车身颜色是否与行驶证一致;

③ 重点检查转向、刹车、灯光、喇叭等系统是否完好,是否能保证车辆的操纵安全性与可靠性符合行车要求;

④ 检查发动机、车身、底盘、电气设备的技术状况;

⑤ 据检验结果,确定整车的新旧成数。对于私有车辆一般需要填具验车单,附于保险单副本上。

2. 核定保险费率、计算保险费

应根据投保单上所列的车辆情况和保险公司的机动车辆保险费率表,逐项确定投保车辆的保险费率。保险费率是保险人计算保险费的依据,它是保险人向被保险人收取的每单位保险金额的保险费,通常都用百分率或千分率来表示。

影响汽车保险风险的因素很多,厘定费率时应综合考虑各种因素。一般可将费率模式划分为两类:从车费率模式和从人费率模式。前者确定费率时主要考虑车辆的风险因素,包括车辆使用性质、车辆种类与大小、车龄、车辆的厂牌型号及车辆的行驶区域等;后者确定费率时主要考虑驾驶人员的因素,包括驾驶员年龄、性别、驾龄、事故记录及附加驾驶员数量等。

在进行机动车辆风险研究的过程中,研究人员通过对大量车辆事故的分析,发现机动车辆事故的发生,由驾驶人员因素引起的大于车辆因素引起的,所以,从人费率模式相对于从车费率模式而言,更加科学、合理,我国各保险公司正在逐步将从车费率模式过渡到以从人费率为主的模式,同时综合考虑从车费率模式的风险因素。

在确定车辆保险费率的基础上,保险公司业务人员根据投保人所选择的保险金额和赔偿限额计算保险费。以下以平安车险上海分公司保险费计算为例。

(1) 交强险保险费计算

交强险是我国第一个法定强制保险,国务院颁布的《机动车交通事故责任条例》规定,2006 年 7 月 1 日起,所有上路行驶的机动车都必须投保交强险。保监会表示交强险在我国是一项全新的保险制度,考虑到其法律环境、赔偿方式等诸多因素与商业性机动车第三者责任保险有本质不同,故交强险实施的第一年先实行全国统一价格,在实践中积累经营数据,交强险基础费率如表 5-2 所示。今后,通过实行保险费与交通违法、交通事故挂钩的"奖优罚劣"的浮动费率机制,并根据各地区经营情况,加入地区差异化因素等,逐步实行交强险差异化费率。

表 5-2　机动车交通事故责任强制保险基础费率表(2008 版)

车辆大类	序号	车辆明细分类	保费/元
一、家庭自用车	1	家庭自用汽车 6 座以下	950
	2	家庭自用汽车 6 座及以上	1100
二、非营业客车	3	企业非营业汽车 6 座以下	1000
	4	企业非营业汽车 6～10 座	1130
	5	企业非营业汽车 10～20 座	1220
	6	企业非营业汽车 20 座以上	1270
	7	机关非营业汽车 6 座以下	950
	8	机关非营业汽车 6～10 座	1070
	9	机关非营业汽车 10～20 座	1140
	10	机关非营业汽车 20 座以上	1320
三、营业客车	11	营业出租租赁 6 座以下	1800
	12	营业出租租赁 6～10 座	2360
	13	营业出租租赁 10～20 座	2400
	14	营业出租租赁 20～36 座	2560
	15	营业出租租赁 36 座以上	3530
	16	营业城市公交 6～10 座	2250
	17	营业城市公交 10～20 座	2520
	18	营业城市公交 20～36 座	3020
	19	营业城市公交 36 座以上	3140
	20	营业公路客运 6～10 座	2350
	21	营业公路客运 10～20 座	2620
	22	营业公路客运 20～36 座	3420
	23	营业公路客运 36 座以上	4690
四、非营业货车	24	非营业货车 2 吨以下	1200
	25	非营业货车 2～5 吨	1470
	26	非营业货车 5～10 吨	1650
	27	非营业货车 10 吨以上	2220
五、营业货车	28	营业货车 2 吨以下	1850
	29	营业货车 2～5 吨	3070
	30	营业货车 5～10 吨	3450
	31	营业货车 10 吨以上	4480
六、特种车	32	特种车一	3710
	33	特种车二	2430
	34	特种车三	1080
	35	特种车四	3980

续表

车辆大类	序号	车辆明细分类	保费/元
七、摩托车	36	摩托车 50CC 及以下	80
	37	摩托车 50～250CC(含)	120
	38	摩托车 250CC 以上及侧三轮	400
八、拖拉机	39	兼用型拖拉机 14.7kW 及以下	按保监产险〔2007〕53 号实行地区差别费率
	40	兼用型拖拉机 14.7kW 以上	
	41	运输型拖拉机 14.7kW 及以下	
	42	运输型拖拉机 14.7kW 以上	

注：1. 座位和吨位的分类都按照"含起点不含终点"的原则来解释。

2. 特种车一：油罐车、汽罐车、液罐车；特种车二：专用净水车、特种车一以外的罐式货车，以及用于清障、清扫、清洁、起重、装卸、升降、搅拌、挖掘、推土、冷藏、保温等的各种专用机动车；特种车三：装有固定专用仪器设备从事专业工作的监测、消防、运钞、医疗、电视转播等的各种专用机动车；特种车四：集装箱拖头。

3. 挂车根据实际的使用性质并按照对应吨位货车的 30％ 计算。

4. 低速载货汽车参照运输型拖拉机 14.7kW 以上的费率执行。

5. 低速载货汽车与三轮汽车不执行交强险费率浮动。

① 基础保险费的计算

a 一年期基础保险费的计算

投保一年期机动车交通事故责任强制保险的，根据表 5-2《机动车交通事故责任强制保险基础费率表》中相对应的金额确定基础保险费。

b 短期基础保险费的计算

机动车投保保险期间不足一年的机动车交通事故责任强制保险的，按短期费率系数计收保险费。具体为：先按《机动车交通事故责任强制保险基础费率表》中相对应的金额确定基础保险费，再根据投保期限在表 5-3 短期月费率系数表中选择相对应的短期费率系数，两者相乘即为短期基础保险费。

短期基础保险费＝年基础保险费×短期月费率系数

表 5-3　短期月费率系数表

保险期间/月	1	2	3	4	5	6	7	8	9	10	11	12
短期月费率系数/％	10	20	30	40	50	60	70	80	85	90	95	100

② 保险费的计算办法

交强险最终保险费＝交强险基础保险费×(1＋与道路交通事故相联系的浮动比率)

机动车交通事故责任强制保险基础费率浮动因素和浮动比率按照《机动车交通事故责任强制保险费率浮动暂行办法》(保监发〔2007〕52 号)执行。

③ 解除保险合同保费计算办法

根据《机动车交通事故责任强制保险条例》规定解除保险合同时，保险人应按如下标准计算退还投保人保险费。

a 投保人已交纳保险费，但保险责任尚未开始的，全额退还保险费；

b 投保人已交纳保险费，但保险责任已开始的，退回未到期责任部分保险费：

$$退还保险费＝保险费×(1－已了责任天数/保险期间天数)$$

（2）车辆损失险的保险费计算

投保车辆损失险时，应根据车辆种类，选择相应的车辆损失险基准保费费率表（见表5-4）中对应的档次，确定固定保费和基准费率，按下列公式计算车辆损失险基准保费：

$$车辆损失险基准保费＝固定保费＋车辆损失险保险金额×基准费率$$

表5-4　车辆损失险基准保费费率表

险别		车辆损失险						
费率		1年以下		1～2年		2～6年		6年以上	
车辆种类		固定保费/元	费率/%	固定保费/元	费率/%	固定保费/元	费率/%	固定保费/元	费率/%
非营业个人	6座以下客车	505	1.1985	480	1.1390	476	1.1305	490	1.1645
	6～10座客车	605	1.1985	576	1.1390	570	1.1305	588	1.1645
	10座以上客车	605	1.1985	576	1.1390	570	1.1305	588	1.1645
	2吨以下货车	232	0.8840	221	0.8500	218	0.8415	225	0.8670
	低速载货汽车	197	0.7565	187	0.7225	186	0.7140	192	0.7310

车辆损失险的基准保费乘以费率系数表（见表5-5）中适用系数后，即为该车辆投保车辆损失险应支付的签单保费，公式如下：

$$车辆损失险签单保费＝基准保费×C_1×C_2×\cdots×C_n$$

表5-5　费率系数表

费率因子		系数值	说明
指定驾驶人 C1	C1a	0.9	指定驾驶人
	C1b	1	未指定驾驶人
驾驶人年龄 C2	C2a	1.05	年龄＜25岁
	C2b	1	25岁≤年龄＜30岁
	C2c	0.95	30岁≤年龄＜40岁
	C2d	1	40岁≤年龄＜60岁
	C2e	1.05	年龄≥60岁
驾驶人性别 C3	C3a	1	男
	C3b	0.95	女
驾驶人驾龄 C4	C4a	1.05	驾龄＜1年
	C4b	1.02	1年≤驾龄＜3年
	C4c	1	3年≤驾龄
行驶区域 C5	C5a	1	境内
	C5b	0.95	省内
平均年行驶里程（公里）C6	C6a	0.9	[0,30000)
	C6b	1	[30000,50000)
	C6c	1.1～1.3	≥50000
投保年度 C7	C7a	1	首年投保
	C7b	0.9	续保
交通违法记录 C8	C8a	0.9	上一保险年度无交通违法记录
	C8b	1	上一保险年度有交通违法记录

续表

费率因子		系数值	说明
以往保险年度索赔记录 C9	C9a	0.7	连续三年及以上无赔款记录
	C9b	0.8	连续两年无赔款记录
	C9c	0.9	上年无赔款记录
	C9d	1	上年发生二次及以下赔款或首年投保
	C9e	1.1	上年发生三次赔款
	C9f	1.2	上年发生四次赔款
	C9g	1.3	上年发生五次及以上赔款
多险别投保优惠 C10	C10a	0.95~1	同时投保车辆损失险及商业第三者责任险的,所有险别最高优惠 5%
绝对免赔款 C11	C11a		详见免赔额系数表
	...		
车辆损失险车型 C12	C12	1.3~2.0	老、旧、新、特车型

【举例 5-2】 假定上海地区的某 7 座非营业客车投保车损险,车龄不到 1 年,保险金额为 20 万元,试计算车损险基准保费?

按非营业客车、6~10 座、车龄为 1 年以下的情况,查询表 5-4,得到对应的基础保费为 605 元,费率为 1.1985%,则该车辆的车损险基准保费 = 605 元 + 20 万元 × 1.1985% = 3002 元。

(3) 商业第三者责任险的保险费计算

车辆投保商业第三者责任险时,应根据车辆种类,选择相应的商业第三者责任险基准保费费率表(见表 5-6)中对应的档次,确定商业第三者责任险基准保费,乘以相应费率系数表(见表 5-5)中适用系数后,即为该车辆投保商业第三者责任险应支付的签单保费,计算公式如下:

$$商业第三者责任险签单保费 = 基准保费 × C_1 × C_2 × \cdots × C_n$$

机动车辆商业第三者责任险的基准保费是指按照投保车辆的车辆种类对应的商业第三者责任险每次事故最高赔偿限额为 5 万元、10 万元、15 万元、20 万元、30 万元、50 万元、100 万元及 100 万元以上时的保险费。

表 5-6　商业第三者责任险基准保费费率表　　　　万元

险别		商业第三者责任保险						
车辆种类	费率	5	10	15	20	30	50	100
非营业个人	6 座以下客车	533	768	877	952	1075	1289	1680
	6~10 座客车	522	734	829	894	1002	1192	1552
	10 座以上客车	522	734	829	894	1002	1192	1552
	2 吨以下货车	763	1075	1215	1309	1467	1746	2275
	低速载货汽车	648	913	1032	1114	1247	1485	1933

【举例 5-3】 一辆北京地区的家庭自用轿车(5 座位,车龄:1 年以下)投保第三者责任险,责任限额 10 万元,试计算第三者责任险基准保险费?

按非营业个人用、6座以下、责任限额10万元的情况,查询表5-6,得到保险费768元。因此,该车的第三者责任险基准保费=768元。

(4) 车上人员责任险

车辆投保车上人员责任险时,应根据车辆种类选择相应的车上人员责任险基准保费费率表(见表5-7)中对应的档次,确定基准费率,按下列公式计算车上人员责任险基准保费:

车上人员责任险基准保费=单座责任限额×投保座位数×基准费率;

车上人员责任险签单保费=基准保费×C_1×C_2×…×C_n

表 5-7 车上人员责任险基准保费费率

险别 车辆种类	费率	车上人员责任险	
		司机座位	乘客座位
非营业个人	6座以下客车	0.3570%	0.2295%
	6~10座客车	0.3400%	0.2210%
	10座以上客车	0.3400%	0.2210%
	2吨以下货车	0.3910%	0.2380%
	低速载货汽车	0.3910%	0.2380%

(5) 全车盗抢险的保费计算

车辆投保全车盗抢险时,应根据车辆种类选择相应的全车盗抢险基准保费费率表(见表5-8)中对应的档次,确定固定保费和基准费率,按下列公式计算全车盗抢险基准保费:

全车盗抢险基准保费=固定保费+全车盗抢险保险金额×基准费率

全车盗抢险签单保费=基准保费×C_1×C_2×…×C_n

表 5-8 全车盗抢险基准保费费率表

险别 车辆种类	费率	全车盗抢险	
		固定保费	费率
非营业个人	6座以下客车	102	0.3485%
	6~10座客车	119	0.3145%
	10座以上客车	119	0.3145%
	2吨以下货车	111	0.4250%
	低速载货汽车	111	0.4250%

(6) 其他险别的保费计算

车辆投保其他险别时,应根据所投保的险别,选择费率表中对应的档次,计算各险别的基准保费,乘以相应费率系数表中适用系数后,即为该车辆投保其他险别应支付的签单保费,计算公式如下:

其他险别签单保费=基准保费×C_1×C_2×…×C_n

5.5　保险单的签发、批改与续保

5.5.1　保险单的签发

1. 缮制保险单

业务内勤接到投保单及其附表以后,根据核保人员签署的意见,即可开展缮制保险单工作。保险单原则上应由计算机出具,暂无计算机设备而只能由手工出具的营销单位,必须得到上级公司的书面同意。

(1)计算机制单的,将投保单有关内容输入保险单对应栏目内,同时在保险单"被保险人"和"厂牌型号"栏内登录统一规定的代码,并打印保险单一式三联,计算机出单后不得在保单上涂改,否则无效。若有误差则应重新出单。

(2)手工填写的保险单,必须是保监会统一监制的保险单,保险单上的印制流水号码即为保险单号码。将投保单的有关内容填写在保险单对应栏内,要求字迹清晰、单面整洁。如有涂改,涂改处必须有制单人签章,但涂改三处以上的保单,应作废重新出单。所有手工单出单后必须在计算机上补录。

制单完毕后,制单人应在"制单"处签章,并将保单号码转录在投保单及其附表上的"保险单号码"栏内。

(3)缮制保险单时应注意的事项

① 双方协商并在投保单上填写的特别约定内容,应完整地载明到保险单对应栏目内,如果核保有新的意见,应根据核保意见修改或增加。

② 特约条款和附加条款应印在或加贴在保险单正本背面,加贴的条款应加盖骑缝章。应注意,责任免除、保险人义务和免赔等规定的印刷字体,应该与其他内容的字体不同。以提醒被保险人注意阅读。

(4)保险单缮制完毕后,制单人应将保险单、投保单及附表一起送复核人员复核。

2. 复核保险单

复核人员接到保险单、投保单及其附表后,应认真对照复核。复核无误后,复核人员在保险单"复核"处签单。

3. 收取保险费

收费人员经复核保险单无误以后,向投保人核收保险费,并在保险单"会计"处和保险费收据的"收款人"处签章,在保险费收据上加盖财务专用章。只有被保险人按照约定交纳了保险费,该保险单才能产生效力。

4. 签发保险单证

汽车保险合同实行一车一单(保险单)和一车一证(保险证)制度。

投保人交纳保险费后,业务人员必须在保险单上注明公司名称、详细地址、邮政编码及联系电话,加盖保险公司业务专用章。根据保险单填写"汽车保险证"并加盖业务专用章,所填写内容应与保险单有关内容一致,险种一栏填写总险种代码,电话应填写公司报案电话,所填内容不得涂改。

签发单证时,交由被保险人受执保存的单证有保险单正本、保险费收据(保护留存联)、汽车保险证。

对已经同时投保交强险、车辆损失险、第三者责任险、车上人员责任险、不计免赔特约险的投保人,还应签发事故伤员抢修费用担保卡,并做好登记。

5. 保险单证的补录

手工出具的汽车保险单、提车暂保单和其他定额保险单,必须按照所填内容录入保险公司的车险业务数据库中,补录内容必须完整准确,补录时间不能超过出单后的第十个工作日。

单证补录必须由专人负责完成,由专人审核,业务内勤和经办人不能自行补录。

6. 保险单证的清分与归档

对于投保单及其附表、保险单及其附表、保险费收据、保险证,应由业务人员清理归类。

投保单的附表要加贴在投保单的背面,保险单及其附表需要加盖骑缝章。清分时,应该按照以下送达的部门清分。

(1) 财务部门留有的单证:保险费收据(会计留存联)、保险单副本。

(2) 业务部门留存的单证:保险单副本、保险单及其附表、保险费收据(会计留存联)。

留存业务部门的单证,应由专人保管并及时整理、整订、归档。每套承保单包括保险费收据、保险单副本、投保单及其附表、其他材料,按照保险单(包括作废的保险单)流水号码顺序装订成册,并在规定时间内移交档案部门归档。

5.5.2　保险单的批改与续保

1. 批改

在保险单证签发后,对保险合同内容进行修改、补充或增删所进行的一系列工作称为批改,经批改所签发的一种书面证明称为批单。

对保险合同的任何修改均应使用批改形式完成。被保险人应事先书面通知保险人申请办理批改手续。保险批单是保险合同的组成部分,其法律效力高于格式合同文本内容,且末次批改内容效力高于前期批改内容。

保单批改的内容主要包括:被保险人信息更改、车主信息更改、投保车辆信息更改、增加特别约定、变更约定驾驶人员、保险期限更改、险种增加或减少、车辆使用性质更改、车辆种类更改、保险金额(限额)增加或减少、行驶区域变更、免赔额变更和保险车辆危险程度增加或减少等。

2. 续保

保险合同到期后,其效力会自然终止,被保险人利益将不再享受保险保障。为避免合同因到期而效力丧失,投保人一般会采取续保行为。

续保是指在原有的保险合同即将期满时,投保人向保险人提出继续投保的申请,保险人根据投保人的实际情况,对原有合同条件稍加修改而继续签约承保的行为。

续保是一项保险合同双方"双赢"的活动。对投保人来说,通过及时续保,一方面可以从保险人那里得到连续不断的、可靠的保险保障与服务。另一方面,作为公司的老客户,可以在保险费率方面享受续保优惠;对保险人来说,老客户的及时续保,可以稳定业务量,同时还能利用与投保人建立起来的关系,减少许多展业工作量与费用。

【本章小结】

汽车承保是保险人与投保人签订保险合同的过程。一个完整的承保流程由六个环节组成,即:展业→投保→核保→签发单证→批改→续保。其核心环节为:投保→核保→签发单证。

保险展业是保险人向客户宣传保险、介绍保险产品的过程,是保险经营的第一步。

汽车保险的投保是投保人向保险人表达缔结保险合同意愿的行为,即要约行为。汽车保险投保流程为:准备资料、填写保单、交保费并签订保险合同、领取保险单证。

保险核保是保险人对每笔业务的风险进行辨认、评估、定价,并确认保单条件,以选择优质业务进行承保的一种行为。核保实务包括审核保险单、审核车辆、核定保险费率、计算保险费等必要程序。

在保险单证签发后,对保险合同内容进行修改、补充或增删所进行的一系列工作称为批改,经批改所签发的一种书面证明称为批单。

续保是指在原有的保险合同即将期满时,投保人向保险人提出继续投保的申请,保险人根据投保人的实际情况,对原有合同条件稍加修改而继续签约承保的行为。

【案例分析】

案例 1 保险金额不同,赔偿方式不同

若老王的福克斯轿车已使用 3 年,该车的新车购置价为 12 万元,折旧后的金额为 9 万元,假设绝对免赔率为 20%,问采用足额或不足额投保时如何赔付?

案例 2 未交齐保费,出险如何赔付

2006 年 6 月,王先生将一自有车辆向保险公司投保保险金额为 8 万元的车损险和赔偿限额为 10 万元的第三者责任险,保险期限为 1 年。双方达成协议后,王先生正准备交费时发现自己钱未带足,因急于出车,他征得保险公司经办人员的同意,在交了应缴保险费的

1/2 的情况下,把保险单取走,并承诺于次日补齐所有保费。但事后王先生并未及时补交,保险人多次催收,王先生均以人在外地为由不履行交费义务。投保后的第 9 天,王先生驾驶保险车辆从外地赶回住地的途中,车辆发生倾覆,造成 5 万元的损失。事故发生后,王先生立即向保险公司报案并索赔。对于王先生的索赔申请,你认为保险公司会赔偿吗? 并给出理由。

案例 3　保险代理人保险期限,如何赔偿

1996 年 6 月 10 日,河南省某市的个体户朱某到某保险公司为自己的拖拉机投保了机动车辆保险,保险期为 1 年,至 1997 年 6 月 9 日到期。因种种原因,朱某 1997 年 6 月 24 日才到保险公司办理继续投保手续,保险期仍为 1 年。该保险公司经办人为了使保险期限衔接,便把签单的日期填为 1997 年 6 月 9 日,起保日期填为 1997 年 6 月 10 日,保险终止期限则填成了 1998 年 6 月 9 日。朱某拿到保单也未仔细看看。1998 年 6 月 17 日,朱某投保的车辆发生交通事故,朱某立即赶到保险公司报案。保险公司以该分保单过期,保险责任已经终止为由不予受理。朱某认为保单仍在有效期内,便提出要将签单日期及起保日期按实际情况该填。该保险公司经办人以保险合同是经过协商一致,自愿订立的为理由而拒绝。你认为应如何处理?

参考答案

案例 1 分析:若采用足额投保,赔款=实际损失×(1-20%);

若采用不足额投保,赔款=实际损失×保险金额/新车购置价×(1-20%)。

案例 2 分析:本案例中王先生只向保险公司缴纳了保险费的 1/2,之后一直以人在外地为由不履行交费义务,而在未全部上交保险费期间发生了交通事故,损失为 5 万元。投保人有履行交纳保险费的义务,这是保险合同生效的前提。投保人要取得保险的经济保障必须支付相应的代价保险费,保险合同方能生效。保险法中规定"除保险合同另有约定外,投保人应该在保险合同成立时一次交清保险费,保险费交清前发生的保险事故,保险人不承担赔偿责任"。根据这一规定结合王先生的实际情况,所以认为保险公司不必进行赔偿。

案例 3 分析:《保险法》第十二条规定:"投保人提出保险要求,经保险人同意承保,并就合同的条款达成协议,保险合同成立。保险人应当及时向投保人签发保险单或者其他保险凭证,并在保险单或者其他保险凭证中载明当事人双方约定的合同内容。经投保人和保险人协商同意,也可以采取前款规定以外的书面协议形式订立保险合同。"由此可见,保险合同并非是法定的书面合同,保单的签发是合同一方(保险公司)的一项义务,而不是合同成立的条件。所以在本案中保险单上载明的内容尽管可以作为一项重要的证据,但只是一项证明而已。合同要反映的是合同订立时双方当事人的真实意思表示,所以只要有足够证据证明保单的内容与合同内容不符,被保险人就可以获得赔偿。

另外,被保险人在合同订立过程中没有任何过错,错在保险公司经办人,所以不能因为保险公司的过错而让被保险人遭受损失,保险公司应当承担赔偿责任。

从本案例中可得到以下教训:保险公司人员在办理承保业务时,不应为自己工作的方便,不经与投保人协商就私自对某些保险事项进行决定,为今后发生纠纷埋下种子;同时,投保人在拿到保险单及其他保险凭证时应认真核对,如果发现错误之处要及时要求更正,以

防将来一旦发生事故引起本可以避免的纠纷,而且会牵涉较多的精力和金钱。

【复习思考题】

1. 承保流程包括哪些?
2. 简述保险公司展业的工作内容。
3. 按照保险金额与新车购置价之间的关系,有哪些投保方式?
4. 什么是投保单,其作用和内容是什么?
5. 核保工作的主要内容有哪些?
6. 什么是保险费率,其作用是什么?

6 汽车保险理赔实务

张先生购买了一辆国产轿车,并在某保险公司购买了交强险和车辆损失险。由于这辆车的四个车轮都是国产的普通车轮,张先生觉得不够漂亮且对其质量安全没有信心,于是张先生就到汽车美容店给轿车更换了四个进口品牌车轮,价格是原车轮的5倍,同时增加了许多其他装置。一翻改装后,轿车显得与众不同,张先生甚是喜爱。但不久,该轿车发生了交通事故,轿车损坏严重,同时四个车轮坏了两个。

阅读该案例,思考:

(1) 本次事故损失保险公司会赔偿吗?两个撞坏的车轮保险公司会赔偿吗?

(2) 汽车购置后的加装装置如何才能获得保险保障?

(3) 此种加装装置的车辆出事故后,查勘重点是什么?

关键词:商业险　定损核损　现场查勘　赔款理算

6.1　汽车保险理赔概述

汽车理赔是指保险汽车在发生保险责任范围内的损失后,保险人依据保险合同的约定解决保险赔偿问题的过程。理赔工作是保险政策和作用的重要体现,是保险人执行保险合同,履行保险义务,承担保险责任的具体体现。保险的优越性及保险给予被保险人的经济补偿作用在很大程度上,都是通过理赔工作来实现的。

6.1.1　汽车保险理赔的意义

汽车保险理赔是汽车保险业务中最重要的一个环节,做好汽车保险理赔工作,对于维护投保人的利益,加强汽车保险经营与管理,提高保险企业的信誉和经营效益,具有重要意义。

1. 做好汽车保险理赔工作,有利于安定人民生活,保证社会再生产持续进行

汽车保险业的经营方针是收取多数人的保险费,积累保险基金,为少数出现保险事故的人支付赔偿金,以支援经济建设,稳定人民生活。通过汽车保险理赔,使车祸的伤亡者得到保险金给付,使他们本人或家属得到心灵上的安慰;使车祸受损车辆得到损失补偿,使他们本人或家庭能够重建家园,安定生活,树立或增强生活信心,对社会稳定发挥积极作用;汽车保险理赔时,企业的经济损失得到补偿,从而保证了再生产过程的持续进行,为社会创造出更多的物质财富。

2. 做好汽车保险理赔工作,有利于检验承保质量,扩展保险业务

汽车理赔案发生以后,关于汽车保险展业是否深入,承保手续、保险率是否合理,保险金额是否恰当,这些问题都会出现。通过汽车理赔不但检验了汽车承保的质量,而且扩大了宣传力度,提高了保险公司的信誉,促进了汽车保险业务的拓展。

3. 做好汽车保险理赔工作,有利于提高企业的自身经济效益

汽车保险企业经济效益的高低,在很大程度上取决于保险经营成本的大小,而其中占主要部分的是赔款支出。一般来说,在一定时期内,在其他条件不变的前提下,保险赔款支出少,保险经济效益就高,反之则低。

6.1.2　汽车保险理赔原则

汽车保险理赔工作涉及面广,情况复杂,与保险人及被保险人的经济利益息息相关。为了更好地贯彻保险经营方针,提高汽车保险理赔质量,确保汽车保险理赔的快捷与高效,汽车保险理赔必须坚持以下原则。

1. 满意性原则

被保险人对保险理赔工作的处理方式和处理意见是否满意,直接关系到保险人的信誉和经营效果。如果被保险人对理赔过程和处理结果满意,则有助于通过被保险人的宣传而扩大保险经营的规模;如果被保险人对此不满,往往导致当事双方诉诸法律。如果保险人败诉会导致其经营信誉的降低,对保险人的后续经营造成不利的社会影响。即使保险人胜诉,也难免导致当事双方伤了和气,使被保险人会另寻其他保险人投保,从而影响保险人的经营。所以保险人理赔时所采取的处理方式和处理态度非常重要,保险理赔工作应首先遵循满意性原则。

2. 重合同,守信用,实事求是原则

保险人与被保险人之间的关系,是通过保险合同建立起来的。保险人是否履行合同,就看其是否严格履行经济补偿义务。所以保险方在处理赔案时,必须加强法制观念,严格按条款办事,而且要按照赔偿标准及规定赔足;对于不属于保险责任范围的损失,不滥赔的同时还要向被保险人讲明道理;拒赔部分要讲事实、重证据。只有坚持重合同,守信用,依法办事,实事求是的原则,才能树立保险的信誉,扩大保险企业的影响,推进保险企业的进一步发展。

3. 主动、迅速、准确、合理

"主动、迅速、准确、合理"是我国保险理赔人员在长期的工作实践中总结出来的经验,是保险理赔工作优质服务的最基本的要求。

① 主动:就是要求保险理赔人员对出险的案件积极、主动的调查、了解和查勘现场,对事故积极分析,确定保险责任。

② 迅速:就是要求保险理赔人员查勘、定损处理迅速,抓紧赔案处理,对赔案要核实准确,赔款计算案卷缮制快,复核、审批快,使被保险人及时得到赔款。

③ 准确:就是要求从查勘、定损以及赔款计算,都要做到准确无误,不错赔、不滥赔、不惜赔。

④ 合理:就是要本着实事求是的精神,坚持按条款办事。在理赔工作中,要结合具体案情准确合理处理。

理赔工作的"主动、迅速、准确、合理"原则是辩证的统一体,不可偏废。如果片面追求速度,不深入调查了解,不具体情况具体分析,盲目结论,或者计算不准确,草率处理,则可能会发生错案,甚至引起法律诉讼纠纷。当然如果只追求准确、合理,忽视速度而不讲工作效率,赔案久拖,则可能损害保险公司形象。

6.1.3　汽车保险理赔特点

汽车理赔工作具有自身的显著特点,工作人员只有对汽车保险理赔的特点有一个清醒和系统的认识,才能做好汽车保险理赔工作。

1. 被保险人的公众性

随着我国个人拥有车辆数量的增加,被保险人中私家车车主的比例逐步增加。保险人在购买汽车保险时具有较大的被动色彩,加上文化、知识和修养的局限,他们对保险、交通事故的处理、车辆修理等知识知之甚少,从而增加了理赔工作的难度。

2. 出险频率高、损失金额较小

汽车保险的另一特征是出险频率较高,但每次损失金额不高。有的事故虽然损失金额不大,但是仍涉及对被保险人的服务质量问题,保险公司同样要给予足够的重视;另外积少成多也将对保险公司的经营产生重要影响。考虑到出险频率较高,保险公司应配备强大的理赔队伍,这也相应增加了运营成本。

3. 保险标的流动性大

汽车的用途决定了汽车具有很大的流动性。车辆发生事故的地点和时间不确定,要求保险公司必须拥有一个运作良好的服务体系来支持理赔服务,主体是一个全天候的报案受理机制和庞大而高效的理赔网络。现在各保险公司一线理赔人员都是 24 小时值班制以满足服务需求。

4. 受制于维修企业的程度较大

在保险理赔中,维修企业的修理价格、工期和质量均直接影响汽车保险的服务。这主要是因为大多数被保险人在发生事故之后,均认为由于有了保险,保险公司就必须负责将车辆修复,所以在车辆交给维修企业后就很少过问。一旦因车辆修理质量或工期,甚至价格等出险问题时,会将保险公司和维修企业一并指责。而事实上保险公司在保险合同项下承担的仅仅是经济补偿义务,对于事故车辆的修理以及相关的事宜并没有负责义务。

由于车险理赔对维修企业的高度依赖,车险公司逐步加大了与维修企业的合作力度,如定损等,这大大提高了保险公司的服务水平。

5. 道德风险普遍

汽车保险具有保险标的流动性强,保险信息不对称,保险条款不完善、相关法律环境不健全等问题和漏洞,给了不法之徒可乘之机,汽车保险欺诈案件时有发生,据统计在汽车理赔赔付中 20% 以上是道德风险所致。

6.2 汽车保险理赔流程

汽车理赔业务流程对于不同的保险公司有一些细微的差别,对于不同的实际业务类型也不是千篇一律的。一般而言,汽车理赔业务流程包括受理案件、现场查勘、确定保险责任并立案、定损核损、赔款理算、缮制赔款计算书和结案归档等过程。汽车保险理赔业务流程如图 6-1 所示。

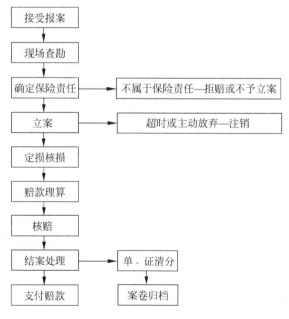

图 6-1 汽车保险理赔业务流程

6.2.1　接受报案

接受报案是指保险人接受被保险人的报案，并对相关事项做出安排。

投保人、被保险人或受益人在保险事故发生后，应及时通知保险人。一般情况下，被保险人应在保险事故发生后 48 小时内通知保险人。通常，被保险人可以通过电话、上门、电报、传真等方式向保险人的理赔部门进行报案。

1. 接受报案操作流程

保险公司具体受理报案操作流程如图 6-2 所示。

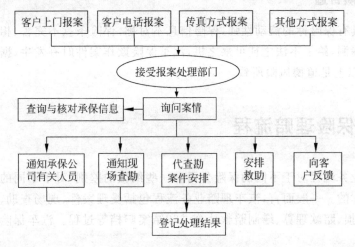

图 6-2　接受报案操作流程

2. 报案登记与处理

在接到被保险人报案时，保险公司的接报案人员应询问报案人姓名，被保险人姓名/名称，驾驶员姓名，保险单号码，保险险别，出险标的的厂牌车型、牌照号码、使用性质及所属关系，出险时间、地点、原因与经过，估计损失金额等要素并在报案记录上记录。

接报案人员在接受报案后，应尽快查抄出险车辆的保险单和批单，初步审核报案人所述事故原因与经过是否属于保险责任等情况。对属于保险责任范围内的事故和不能明确确定拒赔的案件，接报案人员应立即调度查勘定损人员赶赴现场开展查勘工作；对于需要提供现场救援的案件，应立即安排救援工作。

接报案人员在接受现场报案的同时，应向被保险人提供"出险报案表"和"索赔申请书"，并指导详细填写。若被保险人非现场报案，应在查勘现场时请被保险人及时填写"出险报案表"和"索赔申请书"。

6.2.2　现场查勘

现场查勘是指运用科学的方法和现代技术手段，对保险事故现场进行实地勘察和查询，将事故现场、事故原因等内容完整而准确地记录下来的工作过程。

现场查勘工作是保险理赔承上启下的重要环节,是确定保险责任的关键步骤,是开展核损工作的主要依据,也是保险公司控制风险的前沿阵地。考虑现场查勘是查明交通事故真相的根本措施,是分析事故原因和认定事故责任的基本依据,也为事故损害赔偿提供证据,所以现场查勘应公正、客观、严密地进行。

1. 现场查勘操作流程

现场查勘是指用科学的方法和现代技术手段,对交通事故现场进行实地验证和查询,将所得结果完整而准确地记录下来的全部工作过程。现场查勘要求及时迅速、细致完备、客观全面,并遵守法定程序,具体操作流程如图 6-3 所示。

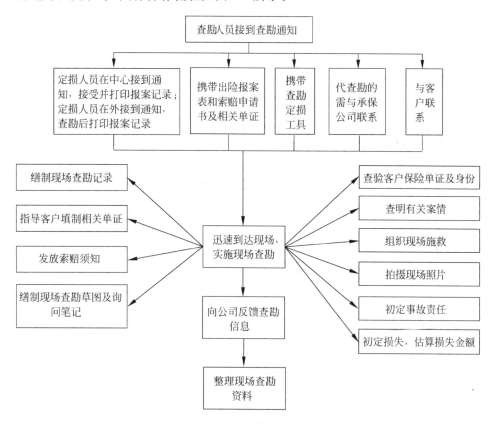

图 6-3 现场查勘操作流程

2. 现场查勘主要内容

现场查勘的目的是查明事故的真实性,确定标的车在事故中的责任,确定事故的保险责任并确定事故的损失。查勘定损人员接案后,应迅速做好查勘准备,尽快赶赴现场,会同被保险人及有关部门进行现场查勘工作。查勘员在进行现场查勘时主要工作内容如下。

(1)核对保险单,填写有关文件。

认真核对客户的保险单是否与《机动车出险信息表》内容相符,并指导保险标的车的事故当事人填写《机动车辆保险索赔申请书》,提示客户阅读《机动车交通事故责任强制保险索赔告知书》,并要求客户签字确认。

(2) 查明出险的时间和地点。

① 了解确切出险时间是否在保险有效期限内,对接近保险起讫期出现的案件,应特别慎重,认真查实。

② 注意查明出险地点与保险单约定的行使区域范围是否相符,若出现移动现场或谎报出险地点的,应查明原因。

(3) 查明出险车辆及驾驶员的情况。

① 对出险车辆应查明肇事保险车辆及第三方车辆的车型、号牌号码、发动机号码、VIN码/车架号码,记录事故双方车辆已行驶公里数,并与保险单、证(或批单)及行驶证核对是否相符。查实保险车辆出险时使用性质与保单载明的是否相符,以及是否运载危险品、车辆结构有无改装和加装等。

② 对驾驶员应注意查清驾驶人员姓名、驾驶证号码、准驾车型、初次领证日期、职业类型等。

(4) 查明出险原因。

出险原因是保险公司决定是否理赔的关键之一,这是现场查勘的重点。调查出险原因时,应深入调查了解,广泛收集证据,如果当事人填写的出险原因与事实不符,原则上应以公安部门的证明为依据。

(5) 确定损失情况。

查清受损车辆、货物及其他财产的损失程度,对无法进行施救的货物及其财产等,必要时应进行现场定损;查明各方人员伤亡情况,估计损失金额等。

(6) 查明责任划分情况。

查清事故各方所承担的责任比例,同时还应注意了解保险车辆有无在其他保险公司重复保险的情况,以便理赔计算时按责赔付和与其他公司分摊赔款。

(7) 绘制事故现场草图,撰写询问记录,并提供事故现场与受损标的照片。

3. 交通事故现场分类

交通事故现场是指发生交通事故地点上遗留的车辆、树木、人、畜等与事故有关的物体以及其痕迹物证所占有的空间,交通事故现场是推断事故过程的依据和分析事故原因的基础。保险公司接到被保险人报案后,查勘定损人员应尽早赶赴事故现场进行查勘,以掌握交通事故第一手资料,为确定保险责任,计算事故损害赔偿提供可靠的依据。交通事故现场分为以下几类。

(1) 原始现场

原始现场也称为第一现场,是指发生事故后至现场查勘前,在现场的车辆和遗留下来的一切物体、痕迹仍保持着事故发生过程的原始状况,没有变动和破坏的现场。这类现场能够反映事故发生的全过程,可以较好地为事故原因的分析与责任鉴定提供依据,所以原始现场是取证价值最大、最理想的现场。

(2) 变动现场

变动现场也称为移动现场,是指发生事故后至现场查勘前,由于自然或人为原因致使事故现场原始状态的一部分、大部分或全部面貌改变的事故现场。这类现场有种种不利因素,由于现场物证遭到破坏,不能全面真实反映事故全过程,所以查勘人员必须注意识别和查明变动的原因及情况,以正确分析原因和责任。变动现场分为以下三种现场。

① 正常变动现场

正常变动现场是指在自然条件下非人为地改变了原始状况或不得已而在不影响查勘结果的前提下人为地有限度地改变了原始状态的交通事故现场,如自然破坏、为抢救伤者、需快速处理等原因。

② 伪造现场

伪造现场是指事故发生后,当事人为了推卸或减轻责任,故意将现场原有的痕迹、物证加以消除,更改现场,或有意伪造痕迹,按有利于自己的设想重新摆放的现场。

伪造现场的特征:现场中,事故诸种表象不符合事故发生的客观规律,物体的位置与痕迹的形成方向存在矛盾。只要查勘人员细致地进行调查研究与分析,其中的漏洞不难发现,现场的真伪是不难识别的。

③ 逃逸现场

逃逸现场是指肇事车辆驾驶员在事故发生后,为了逃避责任,有意隐瞒事故不报,并将车辆驶离,从而造成变动或破坏的现场。

《道路交通安全法》明确规定,造成交通事故后逃逸的,由公安机关交通管理部门吊销机动车驾驶证,且终生不得重新取得机动车驾驶证。

4. 现场查勘方法

为了真实无误地反映事故现场,查勘人员要借助取证、摄影、丈量并绘制现场图等手段对现场进行记录,具体查勘方法可分为以下四种。

(1) 沿车辆行驶路线查勘法。

在事故发生地点痕迹清楚的情况下,沿着车辆行驶路线寻找现场痕迹,分析事故原因并进行责任认定。现场痕迹通常包括:

① 刹车痕迹,即车辆遇情况采取紧急制动后与地面摩擦时出现的炭黑拖印;

② 碰撞、碾压、刮、擦、挤等痕迹,即车辆与车辆、车辆与行人、车辆与牲畜、车辆与其他物体接触后双方留下的痕迹;

③ 现场遗留物,即车辆发生碰撞后所剥落的漆皮、玻璃碎片、脱落破碎的汽车零件等。

(2) 由中心向外查勘法。

当发生事故现场范围不大、痕迹、物体集中、事故中心点明确的情况下,可采用由中心向外的查勘法。

(3) 由外向中心查勘法。

当事故发生现场范围较大、痕迹和物证较为分散时,可以采用由外向中心的查勘法。

(4) 分片分段查勘法。

当事故发生现场面大距离长,或出现伪造现场时,可以采用分片分段的查勘法。

5. 现场查勘工作的组织实施

现场查勘工作的组织实施包括现场勘验和现场访问。现场勘验包括现场道路环境勘测、事故车辆检验、事故痕迹调查、人体伤害调查等,其记录资料主要形式有现场图、现场照片等。现场访问主要是通过事故当事人、见证人、目击者了解与事故有关的情况,其记录资料主要形式有现场询问笔录、现场录音和录像资料等。

(1) 现场查勘准备工作

在赶赴事故现场前,查勘人员必须携带必要的查勘工具和救护用具,准备好查勘单证及相关资料。

① 查勘定损人员接到查勘通知后,向接报案人员索要"机动车辆保险报案记录",并根据报案记录,了解保险标的的出险时间、地点、原因、经过、事故类别、大致的损失情况以及事故当事人的情况,对事故有个基本的了解,做到心中有数,以便在查勘过程中有针对性地调查取证,争取主动。

② 携带必要的查勘工具与救护用具。查勘工具主要包括相机、录音笔、卷尺或皮尺、签字笔、印泥等;救护用具主要包括创可贴、云南白药、药棉、纱布、绷带或医用胶带等常用药具。

③ 携带必要的纸质资料。现场查勘时需携带现场查勘报告单、定损单、索赔指导书、出险通知书、赔款收据、事故快速处理书和其他委托单位要求在现场派发或收集的资料。

④ 及时联系客户。在接到查勘派工指令后 5 分钟内,及时与报案人取得联系,进一步核实地点,告知预计到达时间;因特殊原因不能按约定时间到达现场的,应及时与客户联系并向客户说明原因。

(2) 到达现场后的前期工作

现场查勘人员到达现场进行查勘工作前,应首先进行以下工作。

① 到达查勘地点后,使用标准服务术语向报案人进行自我介绍。

② 如果保险标的或受伤人员尚处于危险中,应立即协助客户采取有效的施救、保护措施,避免损失扩大。

采取保护施救措施应严格遵守"必要"和"合理"的原则。查勘人员到达现场时,如果险情尚未控制,应和有关部门协商,提出合理的施救方案和有效的施救措施,尽量减少不必要的费用损失。

③ 认真核对客户的保险单与《机动车出险信息表》内容是否相符。如果发现保险标的车的其他有效保险单(强制保险或商业保险)未在此次案件中关联,应认真记录相关保险单信息,及时反馈给接报案人员。

④ 涉及两辆以上机动车的事故,要查明事故各方车辆的强制保险(可通过是否具有强制保险标识进行初步判断)和商业机动车辆保险的投保情况,最先到达现场的查勘人员应提示其他车辆当事人将已有保险公司介入处理事故的情况告知其投保的保险公司,以便其他保险公司尽快确定是否先到公司代为查勘定损。

⑤ 指导保险标的的事故当事人正确填写《机动车辆保险索赔申请书》,提示客户阅读《机动车交通事故责任强制保险索赔告知书》,并要求客户签字确认。

⑥ 对于损失超过强制保险责任限额或涉及人员伤亡的案件,应提醒事故当事人向公安交通管理部门报案。

(3) 现场查勘主要工作

① 现场摄影

现场拍摄的一般步骤是,首先拍摄现场的方位,其次拍摄现场概貌,再拍摄现场重点部位,最后拍摄现场的细节。现场拍摄的原则是,先拍原始,后拍变动;先拍重点,后拍一般;先拍容易的,后拍困难的,先拍易消失和被破坏的,后拍不易消失和被破坏的。在实际拍摄过程中,要根据现场情况灵活掌握,注意现场照片的彼此联系,相互印证。

② 现场丈量

现场丈量必须准确,必要的尺寸不能缺少,在丈量前认定与事故有关联的物体和痕迹,然后逐项进行,并做好与之相应的记录。

③ 绘制现场草图

现场草图是现场查勘的主要记录资料,是正式的现场查勘图绘制的依据。现场草图一般包括事故位置和周围环境以及遗留有相关的痕迹、物证的地点、运动的关系、事故的情况等。在现场绘制的草图可以不太工整,但是内容必须完整,尺寸、数字要准确,物体的位置、形状、尺寸、距离的大小应基本成比例,同时,要与现场查勘的笔录内容相吻合。

现场草图是以正投影原理的方法绘制的,实际上是保险汽车事故发生地点和周围环境的小范围地形图。现场草图根据制作过程分为现场记录草图和现场比例草图。现场记录草图是根据现场查勘程序,在出险现场绘制、标注当场完成事故现场示意图;现场比例草图是根据现场记录图所表明的尺寸、位置,选用一定比例,按照绘图要求,工整准确地绘制而成的正式现场比例草图。现场草图一般表现的基本内容包括:能够表明事故的地点和方位,现场的地物地貌和交通条件;表明各种交通元素,以及与事故有关的遗留痕迹和散落物的位置;表明各种事故的状态;根据痕迹表明事故的过程、车辆和人畜的动态。某一交通事故现场查勘草图如图 6-4 所示。

现场查勘草图的绘制过程如下:

a 根据事故情况,选用适当比例,进行草图图面的总体构思。根据图纸大小和对现场的感性认识,选用合适比例,进行图面构思。

b 按照近似比例画出道路边缘线和中心线。确定道路走向,在图的右上方绘制指定标识,标志道路中心线与指北线的夹角。

c 根据图面绘制的道路,用同一近似比例绘制出事故车图例,再以事故车为中心向外绘制各有关图例。

d 根据现场具体条件,绘制基准点,利用定位法为事故车辆及主要物品、痕迹定位。

e 根据需要绘制立体图、剖面图和局部放大图。

f 对所完成的现场查勘图进行核对,以确保无误。

g 核对无误后,由现场查勘人员、见证人、绘图人、校核人等签名。

④ 核实标的车辆情况

如果事故车辆可以自行移动,在确认事故的真实性、保险责任和事故责任之后,查勘定损人员可同意(或要求)事故当事人将事故车辆移到不影响交通的地方,继续核实标的车辆情况。

a 核实事故车辆的车牌号、车架号(VIN 码)或发动机号。

注意车架号(VIN 码)是否与保单相符,确认事故车辆是否为承保标的,并拍摄车架号码;对于套牌的进口车、改装车、特种车,要注明国产型号和原厂车型;若事故车辆信息与保单记录不符,应及时调查取证,现场向报案人(或被保险人)做询问记录,并要当事人签名确认。

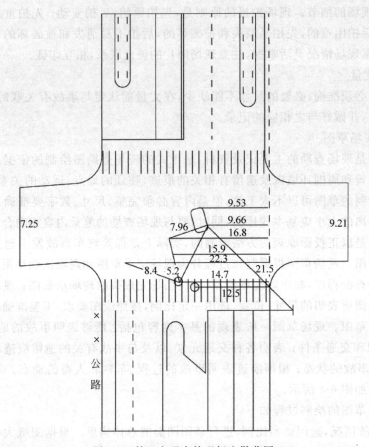

图 6-4　某一交通事故现场查勘草图

b 核实事故车辆的行驶证记录与事故车辆是否一致,是否有效,并做好记录,拍照留存。

c 核实事故车辆的使用性质。

确认事故车辆出险时是否在从事营运活动,是否与保单上记录的使用性质相符,不相符的,应及时调查取证,现场向报案人(或被保险人)做询问记录,并当事人签名确认,且在查勘记录中说明。

d 核实车险车辆的装载情况。

在现场查勘记录中记录载客人数、货物重量、高度等;车辆装载异常或挂有营运牌的,注意索取运单、发货票等资料留存。

e 核实事故车辆是否存在保险利益发生转移的情况。

核实被保险人是否将标的车辆进行过转让、赠送等。如果存在这种情况,应及时调查取证,设法取得相关书面协议。具体核实情况如下:

a 查验事故车辆驾驶员的驾驶证,核实驾驶证是否是出险驾驶员本人的,同时要重点核查:准驾车型、驾驶证是否是有效信息,并做好记录。如有异常情况要尽量将驾驶证复印留存;对事故处理机关扣留驾驶证的,在查勘记录中说明。

b 记录出险驾驶员姓名、联系电话;核实出险驾驶员与被保险人的关系,以便了解出险驾驶员使用标的车是否得到被保险人的允许。

c 核实出险驾驶员是否存在酒后驾车的情形。如发现出险驾驶员是酒后驾车的,要及时调查取证,现场向出险驾驶员做询问记录,并要当事人签名确认,且在查勘记录中说明。

⑤ 核实事故情况

核实事故情况就是要确认事故的真实性、要确认标的车在事故中的责任、要确认事故或损失是否属于保险责任范畴。核实事故情况主要按以下流程进行。

a 查勘碰撞痕迹

查勘事故车辆的接触点、撞击部位和事故痕迹,查找事故附着物、现场散落物,检查事故车辆接触部位黏附的物体。采集这些物体的标本作为物证,以便分析事故附着物、散落物及事故痕迹是否符合,从而判断事故的真实性(如通过风窗玻璃上所黏附的毛发分析确定事故为何人驾驶所致等)。

事故附着物、散落物是指黏附在事故车辆表面或散落在现场的物质(如油漆碎片,橡胶,人体的皮肉、毛发、血迹、纤维,木屑以及汽车零部件,玻璃碎片等),事故痕迹是肇事车辆、被撞车辆、伤亡人员、现场路面及其他物体表面形成的印迹(如撞击痕迹、挂擦痕迹、碾轧痕迹、制动痕迹等)。

b 确认事故的真实性

通过事故现场的仔细查勘,对事故的出险时间和地点做出判断,以确认事故是否真实。

c 确认车辆行驶状态

通过查勘车辆行驶后遗留的轮胎印痕,查勘现场环境和道路情况,确认事故车辆的行驶路线。

d 判定事故责任

确定车辆行驶路线后,结合出险驾驶员或事故目击人员的叙述,查勘人员可根据《道路交通安全法》和《道路交通安全法实施细则》的相关规定对事故责任做出判定。

交通事故责任分为全责、主责、同责、次责、无责几种。如果标的车辆在事故中没有责任,可以直接开始缮制《现场查勘报告》,在报告中表明标的车无责,并告知客户向有责任一方索赔的程序后,即可结束查勘工作。

e 查明事故发生的原因

出险的真实原因是判断保险责任的关键,对原因的确定应采取深入调查,切忌主观武断。对于事故原因的认定应有足够的事实依据,通过必要的推理,得出科学的结论,应具体分析说明是客观因素,还是人为因素,是车辆自身因素,还是受外界影响,是严重违章,还是故意行为或违法行为等。尤其对于保险责任的查勘,应注意确定是外因引起、是损伤形成后没有进行正常维修而继续使用造成损失扩大所致,还是车辆故障导致事故。

f 核实事故是否属于保险责任范畴

查明事故原因后,查勘人员结合《机动车交通事故责任强制保险条例》和《机动车商业保险行业基本条款》确定事故是否属于保险责任范畴。若不属于保险责任范畴,查勘人员可直接缮制《现场查勘报告》,在报告中注明事故非保险责任范畴,即可结束查勘工作。

⑥ 核定事故损失

a 剔除非事故或非保险责任内损失

现场查勘时,查勘人员要确认事故车辆的损失部位。对非本次事故造成的损失(或非保险责任范畴内的损失)要予以剔除,并做好客户的沟通解释工作,取得客户的理解和确认。

b 清点财产损失情况

对于造成其他财产损失的案件,查勘人员应现场确认第三方财产损失的型号、数量等,对于货品及设施的损失,应核实数量、规格、生产厂,并按损失程度分别核实;对于车上货物还应取得运单、装箱单、发票、核对装载货物情况;对于房屋建筑、绿化带、农田庄稼等要第一时间丈量损失面积,告知客户提供第三方财产损失清单,并对受损财产仔细拍照。现场清点后,要列出物损清单,并要求事故双方当事人在清单上签名确认。

c 确定人员伤亡情况

对于有人员伤亡的事故,查勘人员要及时与事故当事人沟通,确认事故中人员伤亡的数量、伤势、伤员就医的医院。有条件的,要前往伤者所在医院,确认伤者伤势、姓名、年龄、身份、职业、家庭情况等。

⑦ 缮制现场查勘记录

查勘人员在完成现场查勘工作后,应将上述情况汇总完成现场查勘记录,并将查勘情况与被保险人和修理人交流。

(4) 现场查勘的重点工作

对于不同的事故,现场查勘的重点是不同的,以下对各类事故的现场查勘重点依次进行说明。

① 机动车碰人事故

查勘重点:

a 查清现场变动情况,确定现场原始状态和变动后状态位置的关系;

b 检查鉴别轮胎印迹,丈量制动拖印长度,判断车辆行驶路线、速度和制动措施;

c 查清人体或血迹位置,判断接触点;

d 确定行人横穿前所在位置、横穿路线;

e 检查机动车上有无头发、皮屑、衣服纤维、血迹、手印等,明确其所在部位。

询问重点:

a 查询行人横穿道路的原因,问横穿前有谁与当事人在一起;

b 查清驾驶员最初发现行人横穿的地点,感到危险采取措施的地点。

其他调查:

a 车辆制动性能;

b 自然条件,如天气情况、光线、风向等;

c 人体损伤鉴定和衣服上的痕迹;

d 行人心理和生理方面的影响因素。

② 机动车辆相互之间的碰撞事故

查勘重点:

a 确定车辆停止位置和状态,车辆相互之间的位置关系;

b 检查路面上轮胎印迹和印迹突变的位置、形态,判断车辆相互之间的行驶路线及接触点;

c 观察确定车体第一次碰撞破损痕迹所在部位、破损程度、着力方向、痕迹、表面异常或颜色,分别丈量痕迹面积,离地高度和车前、后端角的水平距离,以判断接触部位,碰撞角度及碰撞前后车辆的运动趋势。

询问重点：

a 在交通复杂路段或岔道口、弯道处采取了哪些安全措施,车辆行驶速度是多少;

b 发现对方车辆时彼此位置、距离、动态;如何判断,有无危险感觉,采取了哪些措施;

c 碰撞的地点和部位;

d 占道行驶的原因。

其他调查：

a 道路方面。路面宽度及情况,岔路口行驶;弯道、纵坡度的几何线形、视线及标志设施等;

b 车辆方面。制动、转向、灯光等完好情况。

③ 车辆倾覆事故

车辆倾覆有驶出路外翻车和路内翻车两种。驶出路外翻车一般为受外因影响操作失误,或转弯时速度过快、制动时跑偏,或者前轮胎爆破、转向节折断、转向机构故障等使方向失控等原因所造成。路内翻车则多由于车辆侧滑时车轮受阻,在车身的惯性作用下引起翻车。翻车场所多数情况留有轮胎的印迹和沟槽痕迹。

查勘重点：

a 发现和鉴别路面上遗留的轮胎印迹,检查有无突变现象,突变的位置和原因,判断分析行驶路线、速度和翻车原因等;

b 检查路面沟槽痕迹位置、形状、深度、力的作用方向和形成原因;

c 观察散落物散落方向、抛出位置和抛出距离。

如果翻车前因与其他机动车辆碰撞有关,应着重调查接触点的位置,接触点与驶出路外处的距离或与路内翻车位置的距离;调查破损程度、碰撞部位等判断碰撞的冲击力量和碰撞后的运动趋向,分析碰撞是否必然引起翻车,判断是否属于驾驶操作的失误。

询问重点：

a 驾驶员当时驾驶车辆的行驶速度以及驾驶操作情况;

b 驾驶过程中有无发觉车辆有异常情况,进行的检查及采取的措施;

c 发生事故前瞬间车辆有什么异常现象,采取的措施。

其他调查：

a 道路情况。路面材料、转弯半径、路基情况、护栏设施等;

b 车辆情况。转向机构连接部分有无脱落,机械构件有无断裂,断面痕迹特征;制动系的性能和故障原因。车辆方面的检查应注意区别自然断裂损害与人为损坏的区别;

c 装载情况。车辆装载货物重量、装载货物的性质、装载高度及装载重心等。

6.2.3 确定保险责任

确定保险责任是指理赔人员根据现场查勘记录和有关证明材料,依照保险条款的有关规定,全面分析主客观原因,确定事故是否属于保险责任范围。它是保险人对被保险人的事故损失是否给予赔偿的依据。

经过整理分析已获得的查勘资料,包括查勘记录及附表、查勘照片和询问笔记,以及驾驶证照片、行驶证照片等,结合保险车辆的查勘信息、承保信息以及历史赔案信息,分别判断事故是否属于商业机动车辆保险和机动车交通事故责任强制保险的保险责任。经查勘人员核实,属于保险责任范围的,应进一步确定被保险人在事故中所承担的责任,以及有无向第三者追偿问题,同时,还应注意了解保险车辆有无在其他公司重复保险的情况;对重复报案、无效报案、明显不属于保险责任的报案,应按不予立案或拒绝赔偿案件处理。

确定保险责任后,还需初步确定事故损失金额,并估算保险损失金额。事故损失金额是指事故所涉及的全部损失金额,包括保险责任部分损失和非保险责任部分损失。保险损失金额是指在事故损失金额基础上,简单地根据保险条款和保险原则剔除非保险责任部分损失后的金额。

对不属于保险责任的,应对事故现场、车辆、涉及的第三者车辆、财产、人身伤亡情况进行认真的记录、取证、拍照等,以便作为拒赔材料存档,同时向被保险人递交拒赔通知书。

6.2.4 立案

立案指经初步查验和分析判断,对于属于保险责任范围内的事故进行登记并予以受理的过程。根据保险条款,业务部门对于现场查勘记录及其相关材料应进行初审,按照规定的核赔权限,召集相关人员会议,听取查勘定损人员的详细汇报及其分析意见,研究审定保险责任。对于符合保险合同的案件,即在承保范围内且属于保险责任的理赔案件,业务人员应进行立案登记,统一编号并进行程序化管理。立案是保险人对案件进行有效管理的必要手段。

审定保险责任应注意以下事项:

(1) 在现场查勘 24 小时内,必须对所查勘的案件做出是否立案的决定,并注明责任人。

(2) 对于属于责任范围的,应进一步确定被保险人对事故承担的责任和有无代位追偿的问题。对于确定无异议,属于保险责任的理赔案件,应立即开展定损和计算赔款工作。

(3) 对于经过现场查勘,认定不属于保险责任范围的案件,按不予立案或拒赔案件处理,并在“出险报案表”和“机动车辆保险报案、立案登记簿”上签注“因××拒赔”,同时向被保险人送达“机动车辆保险拒赔通知书”,并做出必要的解释。

(4) 对于责任界限不明,难以掌握的疑难案件和拒赔后可能引起诉讼的,或经反复研究仍无法定论的理赔案件,应将《拒赔案件报告书》连同有关材料报上一级公司审定。上级公司批准后,应填具《拒赔通知书》送交被保险人并耐心解释。

6.2.5 定损核损

车辆事故立案后,工作人员开始进行定损核损工作。定损核损是对保险事故所造成的损失情况进行现场和专业的调查和查勘,对损失的项目和程度进行客观和专业的描述和记录,对损失价值进行确定的过程。

常见的定损核损方式有协商定损、公估定损和聘请专家定损等,现在各大保险公司主要采用协商定损的定损核损方式。

① 协商定损是由保险人、被保险人以及第三方协商确定保险事故造成的损失费用的过程。

② 公估定损是由专业的公估机构负责对保险事故造成的损失进行确定的过程,保险公司根据公估机构的检验报告进行赔款理算。这种引入没有利益关系的第三方负责定损核损工作的模式,能更好地体现保险合同公平的特点,避免了合同双方的争议和纠纷。

③ 聘请专家定损是对于个别技术性、专业性要求极高的案件,聘请专家进行定损,以保证全面、客观、准确地确定保险事故造成的损失费用,维护合同双方的合法权益。

1. 定损核损原则

在对事故车辆定损时,应遵守以下基本原则:客观公正原则、合法合理原则、相关性原则、保证安全原则、修复为主更换为辅原则、质量对等原则、事故发生地修复原则。

(1) 客观公正原则。客观公正原则指价格鉴定必须站在公正的立场上,以事实为依据,实事求是地反映鉴定标的的客观情况,排除人为因素的干扰,并不得将主观推测情况及价格强加于鉴定标的之上,尽可能求得一个客观、公正的价格。

(2) 合法合理原则。合法合理原则指价格鉴定行为必须符合国家法律、法规及政策要求,以有关法律、法规及政策规定为行为依据,运用科学的方法、程序、技术标准和工作方案开展鉴定活动,使价格鉴定结论合法、合理。

(3) 相关性原则。相关性原则指当车辆发生道路交通事故时,由于零部件之间的相关性,会对与之相关的零部件造成不同程度损坏的影响。

(4) 保证安全原则。保证安全原则指修复后的车辆能保证安全使用。

(5) 修复为主更换为辅原则。修复为主更换为辅原则指不影响修复车辆安全使用以及修复经济合理为前提,一般情况下,受损车辆应以修复为首选。

(6) 质量对等原则。质量对等原则指受损车辆更换配件应与原配件质量对等,即应选用原厂配件。在没有原厂配件的情况下可选用质量相当的其他配件代替。

(7) 事故发生地修复原则。事故发生地修复原则指事故车辆应以事故发生地的中准修复费用为鉴定价格。

2. 定损核损操作流程

出险车辆的定损核损包括车辆定损,人员伤亡费用的确定,施救费用的确定,其他财产损失的确定以及残值处理等内容,具体操作流程如图 6-5 所示。

3. 事故车辆定损

(1) 车辆定损过程的基本程序如下:

① 定损人员根据现场查勘情况认真检查受损车辆,确定受损部位、损失项目、损失程度,并进行记录。

② 对必须更换的零部件进行询价、报价。

③ 定损人员与客户(被保险人和第三者)协商确定修理方案,包括换件项目、修复项目、检修项目和一系列费用等。协商一致后与各方签订"机动车辆保险车辆损失情况确认书"。

④ 受损车辆原则上应采取一次定损。定损完毕后,可以由被保险人自选修理厂或到保险人推荐的修理厂修理。

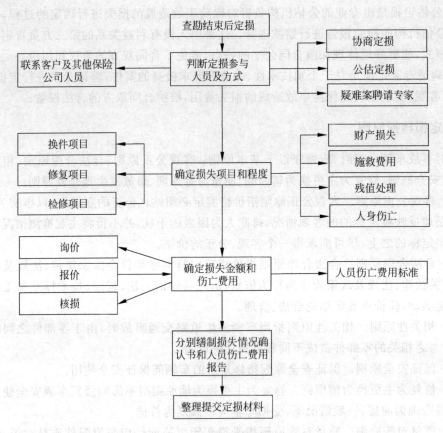

图 6-5　定损核损操作流程

（2）车辆定损的注意问题

① 注意区分本次事故和非本次事故的损失，事故损失和正常维修保养的界限。

② 当车辆进厂修理经拆解后，又发现其他损坏的，保险公司理赔人员要进行复勘。受损严重的车辆解体后，如有因本次事故损失的部位没有定损的，经定损核实后，可追加修理项目和费用。

③ 受损车辆，未经保险公司和被保险人一起查勘定损或者未经保险人同意自行送修的，根据有关条款规定，保险人有权重新核定修理费用或拒绝赔偿。

④ 经保险公司书面同意，对保险事故车辆损失原因进行鉴定的费用，保险公司负责赔偿。

⑤ 只有在确定了保险责任和保险金额的情况下，被保险人才能自选修理厂修理。

（3）残值处理

残值处理是指保险公司根据保险合同履行了赔偿责任并取得对于受损物资的所有权后，对于这些损余物资的处理。通常对于残值的处理采用协商作价、折归被保险人并在保险赔款中予以扣减的做法。如果协商不成，也可以将已经履行赔偿责任并取得所有权的损余物资收回。这些收回的物资可以委托有关部门进行拍卖处理，处理所得款项冲减赔款。

4. 事故人员伤亡定损

人员伤亡费用是指由于保险事故致使自然人的生命、健康、身体遭受侵害,造成致伤、致残、致死的后果以及其他损害,从而引发的各种费用支出。保险事故中造成的人员伤亡通常由第三责任险或相关附加险进行赔偿。

事故结案前,所有人员伤亡费用均由被保险人先行支付。待结案后,业务人员应及时审核被保险人提供公安交通管理部门或法院等机构出具的事故证明,有关法律文书或伤残证明以及各种有关费用的单据。根据交通事故处理有关法律规定,向被保险人说明费用承担的标准。凡被保险人自行承诺或支付的赔偿金额,定损人员应重新核定,对不合理的部分应予剔除。根据《最高人民法院关于审理人身损害赔偿案件若干问题的解释》的规定,人员伤亡费用包括:医疗费、误工费、护理费、住院伙食补助费、营养费、残疾赔偿金、残疾辅助器具费、丧葬费、死亡补偿费、被抚养人生活费、交通费和住宿费。

(1) 人员伤亡费用的赔偿标准

① 医疗费。根据结案前实际发生的治疗费用,凭医疗机构出具的医药费、住院费等收款凭证,结合病历和诊断证明等相关证据,按照公费医疗的标准确定。根据医疗证明或者鉴定结论确实需要继续治疗的,可以予以赔偿。

② 误工费。误工费由误工时间和收入状况确定。误工时间由有关部门出具的证明确定。对有固定收入的误工者,误工费按照实际减少的收入计算;对无固定收入的误工者,误工费按照最近三年的平均收入计算;对不能举证证明最近三年平均收入状况的误工者,参照事故发生地相同或者相近行业上一年度职工的平均工资计算。

③ 护理费。护理费根据护理人员的收入状况、护理人数和护理期限确定。护理人员有收入的,参照误工费的规定计算;护理人员没有收入或者雇用护工的,参照当地护工从事同等级别护理的劳务报酬标准计算,护理级别根据护理依赖程度并结合配制残疾辅助器具的情况确定。护理人员原则上为 1 人,但医疗机构或者鉴定机构有明确意见的,可以参照确定护理人员人数(一般最多为 2 人)。护理期限应计算至受害人恢复生活自理能力时止。受害人因残疾不能恢复生活自理能力的,可以根据其年龄、健康状况等因素确定合理的护理期限,但最长不超过 10 年。

④ 住院伙食补助费。参照当地国家机关一般工作人员的出差伙食补助标准予以确定。

⑤ 营养费。根据受害人伤残情况参照医疗机构的意见确定。

⑥ 残疾赔偿金。根据受害人丧失劳动能力程度或者伤残等级,按照事故发生地上一年度城镇居民人均可支配收入或者农村居民人均纯收入标准,自定残之日起按 20 年计算。但 60 周岁以上的,年龄每增加 1 年减少 1 年;75 周岁以上的,按 5 年计算。

残疾赔偿金=事故发生地上一年度城镇居民人均可支配收入(农村居民人均纯收入)×赔偿年限×伤残等级对应的赔偿比例(见表 6-1),但针对具体情况,残疾赔偿金可进行相应调整。

表 6-1　伤残等级对应的赔偿比例

伤残等级	1	2	3	4	5	6	7	8	9	10
赔偿比例/%	100	90	80	70	60	50	40	30	20	10

⑦ 残疾辅助器具费。按照国产普通适用器具的合理费用标准计算。辅助器具的更换周期和赔偿期限参照配制机构的意见确定。

⑧ 丧葬费。按照事故发生地上一年度职工月平均工资标准,以6个月总额计算。

⑨ 死亡补偿费。按照事故发生地上一年度城镇居民人均可支配收入或者农村居民人均纯收入标准,按10年计算。但60周岁以上的,年龄每增加1年减少1年;75周岁以上的,按5年计算。

死亡补偿费＝事故发生地上一年度城镇居民人均可支配收入(农村居民人均纯收入)×赔偿年限。

⑩ 被抚养人生活费。根据抚养人丧失劳动能力程度(一般要求5级以上),按照事故发生地上一年度城镇居民人均消费性支出和农村居民人均年生活消费支出标准计算。被抚养人为未成年人的,计算至18周岁;被抚养人无劳动能力又无其他生活来源的,计算20年。但60周岁以上的,年龄每增加1岁减少1年;75周岁以上的,按5年计算。被抚养人有数人的,年赔偿总额累计不超过上一年度城镇居民人均消费性支出或者农村居民人均年生活消费支出。

被抚养人生活费＝事故发生地上一年度城镇居民人均消费性支出(农村居民人均年生活消费支出)×抚养年限×抚养比例。

⑪ 交通费。按照事故发生地国家一般工作人员出差的交通费标准计算,以正式票据为凭。

⑫ 住宿费。按照事故发生地国家一般工作人员出差的住宿费标准计算,以正式票据为凭。

(2) 确定人员伤亡费用的注意问题

① 对车上及第三者人员伤亡的有关情况进行详细调查,重点调查被抚养人的情况及生活费、医疗费、残疾鉴定证明等的真实性、合法性和合理性。

② 伤者需要转医赴外地治疗时,须由所在医院出具证明并经事故处理部门同意。伤残鉴定费需经过保险人同意,方可赔偿。

5. 施救费用的确定

施救费用是指当保险标的遭遇保险责任范围内的灾害事故时,被保险人或其代理人、雇用人员等采取措施抢救保险标的,防止损失扩大而支出的必要的、合理的费用。机动车辆保险中施救费用主要是指对于倾覆车辆的起吊费用、抢救车上货物的费用、事故现场的看守费用、临时整理和清理费用以及必要的转运保护费用。

施救费用的确定要严格按照条款的规定确定,尤其注意:

(1) 在抢救过程中,因不慎或不得已而损坏他人的财产,可以酌情况予以赔偿。但在抢救室,抢救人员个人物品的丢失,不予赔偿。

(2) 抢救车辆在托运受损车辆的途中,发生意外事故造成的损失和费用支出,如果该抢救的车辆是被保险人自己或他人派来抢救的,应予赔偿;如果该抢救车辆是有偿的,不予赔偿。

(3) 保险车辆出险后,被保险人或其允许的驾驶员,赶赴肇事现场处理所支出的费用,不予负责。

（4）经保险人同意的去外地修理的移送费，可予适当负责，但护送车辆者的工资和差旅费，不予负责。

（5）当施救、保护费用与修理费用相加，估计已达到或超过保险金额时，则可推定全损予以赔偿。

（6）第三者责任险的施救费用与第三者损失金额相加，不得超过第三者责任险的责任限额。

（7）保险车辆发生保险事故后，对其停车费、保管费、扣车费及其各种罚款，保险人不予负责。

6. 其他财产损失的确定

保险事故除了可能造成车辆本身的损失外，还可能导致其他财产损失，这些财产损失属于第三者责任险和车上货物损失险的赔偿责任。对于这些财产损失，保险人应会同被保险人、第三者及相关人员逐项清理核对，确定损失数量、损失程度和损失金额，并填写财产损失清单。同时，要求被保险人提供有关货物、财产的原始发票。经审核后，定损人员在清单上签署审核意见，被保险人在"机动车辆保险财产损失确认书"上签字。

6.2.6　赔款理算

赔款理算是保险公司按照法律和保险合同的有关规定，根据保险事故的实际情况，核定和计算应向被保险人赔付金额的过程。它决定保险人向被保险人赔偿数额的多少与准确性。赔款理算工作具体可分为单、证审核，赔款计算，缮制赔款计算书三个步骤。被保险人提供的各种必要单证（如事故证明、裁决书、赔偿调解书等）经审核无误后，理赔人员根据保险条款的规定，对车辆损失险、第三者责任险、附加险及施救费用等分别计算赔款金额。在赔偿顺序上，交强险是第一顺序，商业机动车保险是第二顺序。不同保险公司在赔款理算上略有差异，但本质是相通的。

1. 车辆损失险的赔款理算

根据发生交通事故的严重程度，车辆的损失包括全部损失和部分损失，不同损失程度赔款理算是不同的。

（1）全部损失计算

机动车辆全部损失包括实际全损和推定全损。实际全损是指保险标的因碰撞、倾覆或火灾等事故使车辆无法修复及整车损毁；推定全损是指因保险标的受损严重，失去修复价值，或保险车辆的修复费用达到或超过出险当时的实际价值而认为被保险车辆发生全部损失。

① 保险车辆发生全部损失后，如果保险金额高于出险当时的实际价值，按出险当时的实际价值计算赔偿。即

赔款＝（出险时保险车辆的实际价值－残值）×事故责任比例×（1－免赔率之和）

其中：出险时保险车辆的实际价值指保险事故发生时同类型车辆市场新车购置价减去该车已使用年限折旧金额后的价值。

车辆残值根据车辆损坏程度、残余部分的有用价值与被保险人协商作价折归被保险人。

事故责任比例按照交警部门判定的事故责任比例确定。

免赔率主要指保险车辆驾驶员在事故中所负事故责任比例而由其自负的免赔率、违反安全装载规定而需要加扣的免赔率、同一保险年度内多次出险每次加扣的免赔率及非约定驾驶员驾驶保险车辆肇事后需要加扣的免赔率等。

【举例 6-1】 一辆新车购置价(含车辆购置税)为 150000 元的汽车全额投保了车辆损失保险,即投保金额 150000 元,该车辆在保险期内发生第二次交通事故时,实际价值 100000元,驾驶人员承担全部责任,依据该种车辆条款的规定承担 20% 的免赔率,同时又由于是第二次出险,应增加 5% 免赔率。车辆全部损失,残值 1000 元,试计算车损险的赔偿金额。

解:由于保险金额高于实际价值,因此

赔款=(实际价值-残值)×事故责任比例×(1-免赔率之和)

=(100000 元-1000 元)×100%×[1-(20%+5%)]

=74250 元

② 保险车辆发生全部损失后,如果保险金额等于或低于出险当时的实际价值,按保险金额计算赔偿。即

赔款=(保险金额-残值)×事故责任比例×(1-免赔率之和)

事故责任比例及免赔率含义同上。

【举例 6-2】 一辆新车购置价(含车辆购置税)为 150000 元的汽车投保了车辆损失保险,投保金额为 120000 元,该车辆在保险期内发生第二次交通事故时,实际价值为 125000元,驾驶人员承担同等责任,依据该种车辆条款的规定承担 20% 的免赔率,同时又由于是第二次出险,应增加 5% 免赔率。车辆全部损失,残值 1000 元,试计算车损险的赔偿金额。

解:由于保险金额低于实际价值,因此

赔款=(保险金额-残值)×事故责任比例×(1-免赔率之和)

=(120000 元-1000 元)×50%×[1-(20%+5%)]

=59500 元

(2) 部分损失计算

车辆部分损失是指保险车辆出险受损后,尚未达到"整体损毁"或"推定全损"程度的局部损失时,通过修复车辆还可以继续使用的情况。对于车辆出险后造成部分损失按照部分损失计算赔款。

① 保险车辆的保险金额按投保时新车购置价确定的,无论保险金额是否低于出险当时的新车购置价,发生部分损失按照实际修复费用赔偿。即

赔款=实际修复费用×事故责任比例×(1-免赔率之和)

② 保险车辆的保险金额低于投保时的新车购置价,发生部分损失按照保险金额与投保时的新车购置价比例计算赔偿。即

赔款=实际修复费用×(保险金额/新车购置价)×事故责任比例×(1-免赔率之和)

③ 若赔款大于或等于保险事故发生时保险车辆的实际价值,则按照实际价值赔付,若赔款小于保险事故发生时保险车辆的实际价值,则按实际计算出的赔款计算。

【举例 6-3】 一投保机动车辆损失险的车辆,在同一保险期限内发生第二次事故,新车购置价(含车辆购置税)100000 元,保额 100000 元,实际价值 60000 元,驾驶人员承担全部责任。依据条款规定,承担 15% 的免赔率,同时由于第二次出险,增加 5% 免赔率。车辆修

理费用 90000 元,残值 1000 元,求车辆损失险赔款金额。

解:因为是足额投保,所以

赔款＝实际修复费用×事故责任比例×(1－免赔率之和)

   ＝(90000－1000)元×100%×[1－(15%＋5%)]

   ＝71200 元

因为计算所得赔款为 71200 元,高于实际价值 60000 元,所以按照实际价值赔付,即向被保险人支付赔款 60000 元。

如果本案例中保险车辆的实际价值为 80000 元,则由于计算所得赔款小于实际价值,按照实际计算出的赔款向被保险人支付 71200 元。

(3) 施救费用赔款计算

施救费用在保险车辆损失赔偿金额以外另行计算,最高不超过保险金额的数额。

施救的财产中,含有本保险合同未保险的财产,应按保险车辆出险时的实际价值占总施救财产的实际价值比例分摊施救费用。

① 保险车辆的保险金额按投保时新车购置价确定的,施救费用计算公式为

  赔款 ＝实际施救费用×(保险车辆出险时实际价值 / 施救财产总价值)

    ×事故责任比例×(1－免赔率之和)

② 保险车辆的保险金额低于投保时的新车购置价,施救费用按保险金额与新车购置价的比例计算赔偿,计算公式为

  赔款 ＝实际施救费用×(保险车辆出险时实际价值 / 施救财产总价值)

    ×(保险金额 / 新车购置价)×事故责任比例×(1－免赔率之和)

【举例 6-4】 一辆新车购置价(含车辆购置税)为 150000 元的汽车全额投保了汽车损失保险,即投保金额 150000 元,该车辆在保险期内发生交通事故时实施救助,包括救助车上物品价值 50000 元,实际施救费用 5000 元,驾驶人员承担全部责任,依据该种车辆条款的规定承担 20%的免赔率,同时又由于违反安全装载规定,应增加 5%免赔率。试求车辆施救费用赔款。

解:车辆施救费用赔款＝5000 元×100%×[150000 元/(150000 元＋50000 元)]×[1－(20%＋5%)]＝2812.5 元

2. 第三者责任险的赔款理算

(1) 当被保险人应负赔偿金额高于赔偿限额时:

    赔款＝赔偿限额×(1－免赔率之和)

(2) 当被保险人应负赔偿金额等于或低于赔偿限额时:

    赔款＝应负赔偿金额×(1－免赔率之和)

其中,被保险人应负赔偿金额为第三者人身伤亡或财产损失依法应由被保险人承担的经济赔偿责任超过交强险各分项限额以上的部分乘以事故责任比例。

(3) 诉讼仲裁费用计算

当被保险人应承担的诉讼仲裁费用超过保险单载明的责任限额的 30%时:

    诉讼仲裁费用＝责任限额×30%

当被保险人应承担的诉讼仲裁费用低于保险单载明的责任限额的 30%时:

    诉讼仲裁费用＝应承担的诉讼仲裁费用

【举例 6-5】 一辆按照责任限额 150000 元投保机动车辆第三者责任险的汽车,在第二次出险时给第三方造成 300000 元损失,诉讼仲裁费用为 500 元。该车负主要责任,承担 70% 的损失,依据条款规定应承担 15% 的免赔率,由于是第二次出险,增加免赔率 5%。试求此次事故中第三者责任险的赔偿金额。

解:被保险人按照事故责任比例应负赔偿金额为

$$300000 \ 元 \times 70\% = 210000 \ 元$$

因为应负赔偿金额超过 150000 元的责任限额,所以

$$\begin{aligned}
赔款 &= 责任限额 \times (1 - 免赔率之和) \\
&= 150000 \ 元 \times [1 - (15\% + 5\%)] \\
&= 120000 \ 元
\end{aligned}$$

被保险人应承担的诉讼仲裁费用为 500 元,没有超过保险单载明的责任限额的 30%,150000 元 $\times$ 30% = 4500 元,则

$$诉讼仲裁费用 = 应承担的诉讼仲裁费用 = 500 \ 元$$

所以,保险人向被保险人支付赔款(包括诉讼仲裁费用)合计为

$$120000 \ 元 + 500 \ 元 = 120500 \ 元$$

3. 车辆附加险赔款理算

(1) 全车盗抢险

① 全部损失

$$赔款 = 保险金额 \times (1 - 免赔率)$$

② 部分损失

$$赔款 = 实际修理费用 - 残值$$

赔款金额不得超过本险种保险金额。对发生全车盗抢险后破案找回的车辆,保险人尚未赔偿的,保险人只按本附加险有关赔偿的保险责任赔偿;保险人已赔偿的应将该车辆归还被保险人,同时收回相应的赔偿。如果被保险人不愿意收回原车,则车辆的所有权归保险人,被保险人应协助保险人做好该车的善后工作。

(2) 玻璃单独破碎险

$$赔款 = 实际修理费用$$

(3) 火灾、爆炸、自燃损失险

① 全部损失

$$全部损失 = (保险金额 - 残值) \times (1 - 20\%)$$

② 部分损失

$$赔款 = (实际修理费用 - 残值) \times (1 - 20\%)$$

赔款金额不得超过该险种保险金额。

③ 施救费用以不超过保险金额为限,其计算方法如下:

$$赔款 = 实际施救费用 \times (保险财产价值/实际施救财产总价值) \times (1 - 20\%)$$

(4) 自燃损失险

① 全部损失

$$赔款 = (保险金额 - 残值) \times (1 - 20\%)$$

② 部分损失

$$赔款＝(实际修理费用－残值)×(1－20\%)$$

赔款金额不得超过本险种保险金额。

③ 施救费用以不超过保险金额为限,其计算方法如下式:

$$赔款＝实际施救费用×(保险财产价值/实际施救财产总价值)×(1－20\%)$$

(5) 车身划痕损失险

在保险金额(5000 元)内按实际损失计算赔偿,并使用批单冲减保险金额,则赔款＝实际损失金额。

如果在保险期限内,赔款累计达到本险种保险金额(5000 元),本险种保险责任终止。

(6) 车辆停驶损失险

① 全部损失

$$赔款＝保险合同中约定的日赔偿金额×保险合同中约定的最高赔偿天数$$

② 部分损失

在计算赔偿天数时,以约定的修理天数和实际修理天数两者中短者为准。

当赔偿天数未超过保险合同中约定的最高赔偿天数,则

$$赔款＝保险合同中约定的日赔偿金额×赔偿天数$$

当赔偿天数超过保险合同中约定的最高赔偿天数,则

$$赔款＝保险合同中约定的日赔偿金额×保险合同中约定的最高赔偿天数$$

在保险期限内,赔款金额累计达到保险单载明的保险金额,本附加险保险责任终止。

(7) 车上人员责任险

① 当被保险人按事故责任比例应承担的每座车上人员伤亡赔偿金额未超过保险合同载明的每人责任限额时,则

$$每人赔款＝应承担的赔偿金额$$

② 当被保险人按事故责任比例应承担的每座车上人员伤亡赔偿金额超过保险合同载明的每人责任限额时,则

$$每人赔款＝责任限额$$

③ 赔款等于每人赔款之和,则赔偿人数以投保座位数为限。

(8) 车上货物责任险

① 当被保险人按事故责任比例应承担的车上货物损失金额未超过保险合同载明的责任限额时,则

$$赔款＝应承担的赔偿金额×(1－免赔率)$$

② 当被保险人按事故责任比例应承担的车上货物损失金额超过保险合同载明的责任限额时,则

$$赔款＝责任限额×(1－免赔率)$$

(9) 无过失责任险

① 当无过失责任险损失金额未超过责任限额时,则

$$赔款＝实际损失×(1－20\%)$$

② 当无过失责任险损失金额超过责任限额时,则

$$赔款＝责任限额×(1－20\%)$$

事故处理裁决书载明保险车辆及驾驶员在事故中无过失并按道路交通处理规定承担10％赔偿费用案件,其赔款应在第三者责任险中列支。

（10）不计免赔特约条款

$$赔款＝一次赔款中已承保且出险的各险种免赔额之和$$

出现下列情况被保险人自行承担的免赔额,保险人不负责赔偿:

① 车辆损失保险中应当由第三方负责赔偿而确定无法找到第三方的。

② 因违反安全装载规定加扣的。

③ 同一保险年度内多次出险,每年加扣的。

④ 附加盗抢险或附加火灾、爆炸、自燃损失险或自燃损失险中规定的。

⑤ 对家庭自用车保险合同中约定驾驶人员的,保险事故发生时由非约定驾驶人员驾车而加扣的。

6.2.7　核赔

经过赔款理算之后,要根据有关单证缮制赔款计算书。首先由相关工作人员制作"机动车辆保险赔款计算书"和"机动车辆保险结案报告书"。"机动车辆保险赔款计算书"各栏要详细录入,项目要齐全,数字要正确,损失计算要分险种、分项目计算并列明计算公式。"机动车辆保险赔款计算书"一式两份,经办人员要盖章、注明缮制日期。业务负责人审核无误后,在"机动车辆保险赔款计算书"上签注意见和日期,送核赔人。

核赔是指在保险公司授权范围内独立负责理赔质量的人员,按照保险条款及公司内部有关规章制度对赔案进行审核的工作。它是保证保险人进行准确合理赔偿的关键环节,能有效控制理赔风险。

（1）核赔操作流程

核赔的主要工作包括审核单证、核定保险责任、审核赔款计算、核定车辆损失及赔款、核定人员伤亡及赔款、核定其他财产损失及赔偿、核定施救费用等。核赔是对整个赔案处理过程进行控制。核赔对理赔质量的控制体现在:核赔师对赔案的处理过程,一是及时了解保险标的出险原因、损失情况,对重大案件,应参与现场查勘;二是审核、确定保险责任;三是核定损失;四是审核赔款计算。核赔的操作流程如图6-6所示。

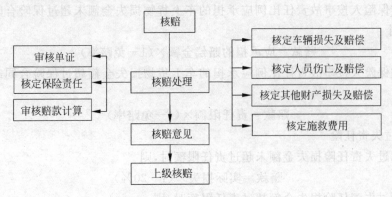

图 6-6　核赔操作流程图

（2）核赔主要内容

① 审核单证

审核被保险人按规定提供的单证、经办人员填写赔案的有关单证是否齐全、准确、规范和全面。

② 核定保险责任

包括被保险人与索赔人是否相符；驾驶员是否为保险合同约定驾驶员；出险车辆的厂牌型号、牌照号码、发动机号、车架号与保险单证是否相符；出险原因是否属保险责任；出险时间是否在保险期限内；事故责任划分是否准确合理；赔偿责任是否与承保险别相符等。

③ 核定车辆损失及赔款

包括车辆定损项目、损失程度是否准确、合理；更换零部件是否按规定进行了询报价，定损项目与报价项目是否一致；换件部分拟赔款金额是否与报价金额相符；残值确定是否合理等。

④ 核定人员伤亡及赔款

根据查勘记录、调查证明和被保险人提供的"事故责任认定书"、"事故调解书"和伤残证明，依照国家有关道路交通事故的法律、法规规定和其他有关规定进行审核；核定伤亡人员数、伤残程度是否与调查情况和证明相符；核定人员伤亡费用是否合理；被抚养人口、年龄是否真实，生活费计算是否合理、准确等。

⑤ 核定其他财产损失赔款

根据照片和被保险人提供的有关货物、财产的原始发票等有关单证，核定财产损失、损余物资处理等有关项目和赔款。

⑥ 核定施救费用

根据案情和施救费用的有关规定，核定施救费用有效单证和金额。

⑦ 审核赔款计算

残值是否扣除；免赔率使用是否正确；赔款计算是否准确等。

如果是上级公司对下一级进行核赔，应侧重审核：普通赔案的责任认定和赔款计算的准确性。有争议赔案的旁证材料是否齐全有效；诉讼赔案的证明材料是否有效；保险公司的理由是否成立、充分；拒赔案件是否有充分证据和理由等。

结案时"机动车辆保险赔款计算书"上赔款的金额必须是最终审批金额。在完善核赔和审批手续后，方可签发"机动车辆保险领取赔款通知书"通知被保险人。

6.2.8 结案处理

结案处理是指业务人员根据核赔的审批金额，向被保险人支付赔款后，对理赔的单据进行清分并对理赔案卷进行整理的工作。它是理赔案件处理的收尾环节。

1. 结案

在经过一系列的审批程序后，业务人员填发《机动车辆保险赔款通知书》和赔款收据，并通知被保险人领取《机动车辆保险赔款通知书》，被保险人在赔款收据上签章，同时会计部门支付赔款。被保险人领取赔款后,业务人员按照赔案编号,输录《机动保险车辆赔案结案登记》,同时在《机动保险车辆报案、立案登记簿》备注栏中注明赔案编号、赔案日期,作为续保时是否给付无赔款优待的依据。

2. 理赔案卷管理案

理赔案卷须按一案一卷整理、装订、登记、保管。赔款案卷要单证齐全、编排有序、目录清楚、装订整齐、照片与原始单证应粘贴整齐并附必要说明。一般的理赔案卷单证可包括机动车辆保险审批表、赔款计算书、结案报告书、出险报案表、报案记录、索赔申请书、事故现场查看记录、保险财产损失确认书、第三者机动车上人员伤亡费用清单、赔案照片、有关原始单据、保险权益转让书、领取赔款通知书、异地出险联系函及其他有关证明和材料。

【本章小结】

汽车保险理赔是汽车保险业务中最重要的一个环节,做好汽车保险理赔工作,对于维护投保人的利益,加强汽车保险经营与管理,提高保险企业的信誉和经营效益,具有重要意义。

汽车保险理赔必须坚持满意性原则;重合同,守信用,实事求是原则;主动、迅速、准确、合理原则。

汽车保险理赔的特点:被保险人的公众性、出险频率高、损失金额较小、保险标的流动性大、受制于维修企业的程度较大、道德风险普遍。

汽车理赔业务流程包括受理案件、现场查勘、确定保险责任并立案、定损核损、赔款理算、缮制赔款计算书和结案归档等过程。

接受报案是指保险人接受被保险人的报案,并对相关事项做出安排。

现场查勘是指运用科学的方法和现代技术手段,对保险事故现场进行实地勘察和查询,将事故现场、事故原因等内容完整而准确地记录下来的工作过程。它是查明保险事故真相的重要手段,是分析事故原因和认定事故责任的基本依据。

确定保险责任是指理赔人员根据现场查勘记录和有关证明材料,依照保险条款的有关规定,全面分析主客观原因,确定事故是否属于保险责任范围。它是保险人对被保险人的事故损失是否给予赔偿的依据。

立案时指对符合保险赔偿的案件,业务人员在车险业务处理系统中进行正式确立,并对其统一编号和管理。它是保险人对案件进行有效管理的必要手段。

定损核损是指理赔人员根据现场查勘情况,认真检查受损车辆、受损财产和人员伤亡情况,确定损失项目和金额,并取得公司核损人员或医疗审核人员的认可。它是确定保险事故损失数额的必须环节。

赔款理算是指保险公司按照法律和保险合同规定,根据保险事故的定损核损结果,核定和计算应向被保险人赔付金额的过程。它决定保险人向被保险人赔偿数额的多少与准确性。

缮制赔款计算书是指制作赔款理算过程与结果的文件。

核赔是指在保险公司授权范围内独立负责理赔质量的人员,按照保险条款及公司内部有关规章制度对赔案进行审核的工作。它是保证保险人进行准确合理赔偿的关键环节,能有效控制理赔风险。

结案处理是指业务人员根据核赔的审批金额,向被保险人支付赔款后,对理赔的单据进行清分并对理赔案卷进行整理的工作。它是理赔案件处理的收尾环节。

【案例分析】

案例 1　从事故现场判断事故责任

2008 年 5 月 6 日某房产有限公司驾驶员驾驶广州本田雅阁小轿车由甲地返回乙地途中遇到一个体带挂拉煤车辆,该车由东向西行驶,在转弯处强行超车,且高速行驶,侵占路面与被保险人广州本田雅阁轿车正面相撞,造成广州本田雅阁轿车驾驶员受伤、两车严重受损,总损失达 129725 元。交警队裁定对方主责,广州本田雅阁轿车次责。在损害赔偿调解方面,对方承担总经济损失的 60%,雅阁轿车承担 40%。从现场查勘人员的角度分析该案件处理结果。

案例 2　第一时间赶到现场有效识别保险骗保

某一冬日的 12:00 左右,一客户报案称:在一偏僻路段由于驾驶疏忽,车辆掉入路旁沟中,车身有一定程度变形。接案人员询问出险时间时,报案人称出险还不到 3 分钟,自己刚从车中出来,爬到路上就报了案。接案人员受理案件后,马上通知查勘人员赶赴现场。当时查勘员在公司外面,距出事地点不到 2 千米,并且对接案人描述的事故地点比较熟悉,所以也没有和报案人联系,就在报案人报案后不到 3 分钟就赶到了现场。到达现场后,报案人神情有些紧张,连称"这么快呀"。查勘人员简单看了看现场后,认为有些疑问,遂打开发动机罩,用于摸了摸发动机,发觉发动机冰凉。于是,一个保险欺诈案当即被识破。原来,客户感觉车身油漆有些暗淡,且有多处划痕,想让保险公司对车辆整形后给予喷漆,于是导演了一个故意将车推入沟中的现场。到达事先选好的地点后,客户查看了一会儿周围环境,又犹豫了一段时间,大约是停车熄火 30 分钟后才把车推入沟中的。由于查勘人员的迅速赶到为准确识别该起欺诈案件提供了有力帮助。从现场查勘人员的角度分析该案件。

案例 3　结合出险时间,估计事故原因

某地在中秋节之夜的 21:30 左右发生了一起追尾车祸,作为后车的轿车,追尾撞上了前边的大货车,车上乘客全部死亡,轿车几乎报废。查勘人员根据时值中秋佳节,又是 21:30 左右这一事实,怀疑可能存在酒后驾驶,建议公安人员重点查验这一内容,最后与公安人员一起,取驾驶员血样送检,由公安部门得出了"酒后驾车,车速过快,导致追尾,后车全责"的结论。保险公司依据"酒后驾车"的事实,拒绝了车主的赔付要求。从现场查勘人员的角度分析该案件。

案例 4　迂回战术在询问事故见证人中的运用

一辆价值 90 万元的奔驰车发生事故,撞了市区内的一棵大树,车辆损坏较重。报案人

说自己是驾驶员,但不是车主,是借朋友的车,事故是由于自己驾驶不小心造成的,但对事故发生前后的一些情况描述不清。查勘员进行了简单的拍照、询问、绘图等手续后,将查勘记录交回了保险公司。核赔人员发现前期的查勘证据不足,事故原因分析过于简单,怀疑有其他隐情,将案件打回,交由一经验丰富的查勘员补充证据。该查勘员考虑事故已过了3天,首先应复核现场,将车辆碰撞损坏的部件与大树做比对,发觉碰撞痕迹高度一致且损坏形状吻合,同时考虑该标的车购买时间不到两年,进行故意制造事故的可能性不大。于是,查勘员决定走访证人。第一位被询问者是事故发生地附近一小卖店的人,查勘员没有采取开门见山的方式,而是先"创造环境":"老板,我买包烟,借个火好吗",过了一会儿,又说"再给我来瓶矿泉水吧"、"老板,生意还好吧"、"天天守着小店,也挺辛苦的呀!想出去转转也不行"、"不过,你这个店位置不错,在门口也应该经常见到一些新鲜事吧?比如,前两天那个汽车撞树的事"。老板在一连串的肯定回答后,说"是呀,干这一行确实不容易,也没什么大见识,不过那天的车祸我还是清楚地记得,车撞得挺严重,驾驶员好像喝醉了,还满脸是血,车上其他人员酒气熏天的,还不断打电话,叫来了两位朋友后,一个送他们去了医院,另一个打电话好像报了案。你说,好好的日子不珍惜,开车还喝这么多酒"。获得这个信息后,查勘员又开始到附近酒店和医院调查,一酒店证实前几天该奔驰车曾在这儿停放,车上人员好像是朋友关系,一块喝酒聚会;一医院的大夫和护理人员证明,照片中的一位前几天在本院进行了外伤治疗和护理,且当时他呼吸中有酒气。取得了酒后肇事的证据,保险公司拒赔了该案。从现场查勘人员的角度分析该案件。

参考答案

案例1分析:现场查勘人员应坚持到事故第一现场,根据事故现场的刹车痕迹及碰撞遗留物,初步判断被保险人的事故责任。对该案例,被保险人是无责的。查勘人员还应到医院询问驾驶员,了解事故发生时的基本经过,确认对方转弯超速行驶,侵占路面,广州本田雅阁轿车驾驶员发现情况后即采取了刹车减速,向路边避让,在无法避让的情况下发生了碰撞。通过现场查勘及询问当事人,可得出结论:交警队在此事故责任认定及损害赔偿方面处理有偏差。

案例2分析:现场查勘是一项时间性强的工作。要抓住案发不久、痕迹比较清晰、证据未遭破坏、证人记忆犹新的特点,取得证据。反之,到达不及时,就可能由于人为或自然原因,使现场遭受破坏,难查勘带来困难。事故发生后查勘人员要用最快速度赶到现场。为此,有的保险公司对到达事故现场的时间做了具体规定,如规定查勘人员在接到查勘任务后必须在30分钟之内到达事故现场等。

如果查勘人员赶赴现场不及时,造成48小时内未能进行现场查勘或给予受理意见的,对造成财产损失无法确定的,以被保险人提供的财产损毁照片、损失清单、事故证明和修理发票作为赔付理算的依据。

案例3分析:一般在一些特定时间(如每天尤其是节假日的13:00至16:00,20:00至23:00),对一些特定的驾驶群体(如青壮年的男性驾驶员,经营人员),出险后应考虑是否存在酒后驾车问题,应设法与公安人员一起取证。

案例4分析:本案中,访问相关证人,对揭露该事故的真相起到了关键作用。注意点:做笔录或直接就事故某方面询问时,容易让被询问人感到有点审问性质,会产生反感,甚至敌对,因而语言措辞都要温和,或采用迂回曲折的策略,创造一个良好的交谈环境,往往能取得事半功倍的效果。

【复习思考题】

1. 汽车保险理赔的意义是什么?
2. 汽车保险理赔的原则是什么?
3. 汽车理赔业务流程包括哪些内容?
4. 现场查勘的操作流程包括哪些内容?

参 考 文 献

[1] 董恩国. 汽车保险与理赔[M]. 北京:北京理工大学出版社,2008.

[2] 李景芝,赵长利. 汽车保险与理赔[M]. 北京:国防工业出版社,2007.

[3] 杨磊. 汽车保险与理赔操作指南[M]. 北京:法律出版社,2007.

[4] 李景芝,赵长利. 汽车保险典型案例分析[M]. 北京:国防工业出版社,2010.

[5] 胡文娟,龚文资. 汽车保险与理赔[M]. 北京:国防工业出版社,2012.

[6] 蔡文创. 汽车保险与理赔一体化项目教程[M]. 上海:上海交通大学出版社,2012.

[7] 杨明,肖冬玲. 汽车保险与理赔[M]. 北京:化学工业出版社,2013.

[8] 孙丽. 汽车保险与理赔[M]. 上海:同济大学出版社,2012.

[9] 费洁. 汽车保险[M]. 北京:中国人民大学出版社,2012.

[10] 黄玮. 汽车保险与理赔[M]. 北京:清华大学出版社,2014.

[11] 徐红光. 汽车保险与理赔[M]. 北京:中国电力出版社,2007.

[12] 龙玉国,龙卫洋. 汽车保险创新和发展[M]. 上海:复旦大学出版社,2005.

[13] 张晓明,欧阳鲁生. 机动车辆保险定损员培训教程[M]. 北京:首都经济贸易大学出版社,2007.

[14] 王云鹏,鹿应荣. 车辆保险与理赔[M]. 北京:机械工业出版社,2005.

[15] 杨连福,郑锡伟. 汽车保险原理与实务[M]. 北京:北京理工大学出版社,2014.

[16] 张怡,朱玉强. 汽车保险实务[M]. 北京:北京邮电大学出版社,2013.

[17] 廖金红. 汽车保险理赔实务[M]. 北京:机械工业出版社,2013.

[18] 谢君平,孙丽. 汽车保险与理赔[M]. 北京:国防工业出版社,2012.